Paul K. Feyerabend thematisiert in zwei ebenso prägnant wie amüsant geschriebenen Dialogen das Grundproblem aller erfahrungswissenschaftlichen Erkenntnis: wie nämlich eine *allgemeine* Behauptung aufgrund einer *begrenzten* Anzahl von Einzelfällen gerechtfertigt werden kann. Nach der traditionellen Wissenschaftstheorie, die Feyerabend vernichtend kritisiert, verlangt ein solches Rechtfertigungsverfahren einzeln benennbare Regeln. Diese Regeln entscheiden dann als unhinterfragbare Kriterien über Wahrheit oder Falschheit der aufgestellten Behauptung.

Was den Dialogen ihren besonderen Reiz verleiht, ist Feyerabends Ambition, über eine bloße Kritik der normativ verfahrenden Wissenschaftstheorie hinaus, das Bild einer libertären Kultur zu entwerfen, die sich von dem tiefsitzenden Vorurteil befreit hat, die gegebenen Wahrheitskriterien seien geschichts- und kulturinvariante Regeln.

Feyerabends kleines Buch ist ein erkenntnistheoretischer Problemkrimi, dessen Argumentationen man mit Spannung folgt und der en passant oberflächliche Etikettierungen beseitigt, die man dem Gesamtwerk des vermeintlichen Relativisten Feyerabend aufgeklebt hat.

Paul K. Feyerabend, geboren 1924, gestorben 1993, lehrte von 1958 bis zu seiner Emeritierung 1990 Philosophie an der University of California in Berkeley und ab 1980 Geschichte und Philosophie der Wissenschaften an der Eidgenössischen Technischen Hochschule in Zürich. Wichtige Veröffentlichungen in deutscher Sprache: *Erkenntnis für freie Menschen* (veränd. Ausg. 1980); *Irrwege der Vernunft*, 1989; *Wider den Methodenzwang*, 1986.

Paul K. Feyerabend

ÜBER ERKENNTNIS

Zwei Dialoge

Fischer Taschenbuch Verlag

Dieses Buch erschien zuerst in italienischer Sprache unter dem Titel *Dialogo sul metodo* bei Editori Laterza; der englische Text findet sich als zweiter und dritter Dialog in *Three Dialogues on Knowledge*, erschienen 1991 bei Basil Blackwell, Oxford.

Die beiden Dialoge hat Ilse Griem aus dem Englischen übersetzt, den abschließenden Beitrag, der auf deutsch zuerst in *Lettre* erschien, Hans Günther Holl.

Die Übersetzung wurde vom Autor durchgesehen.

4.–5. Tausend: März 1997

Ungekürzte Ausgabe
Veröffentlicht im Fischer Taschenbuch Verlag GmbH,
Frankfurt am Main, November 1995
Lizenzausgabe mit freundlicher Genehmigung
des Campus Verlags GmbH, Frankfurt/Main
© 1989 by Guis. Laterza & Figli, Roma–Bari
© 1992 by Paul K. Feyerabend für das Vorwort
zur deutschen Ausgabe und den abschließenden Beitrag
Copyright © 1992 für alle deutschsprachigen Rechte
bei Campus Verlag GmbH, Frankfurt/Main
Gesamtherstellung: Clausen & Bosse, Leck
Printed in Germany
ISBN 3-596-12775-0

Gedruckt auf chlor- und säurefreiem Papier

Inhalt

Ein freier Mensch hat immer genügend Zeit, um in Frieden und ohne Eile über die Dinge zu reden, die ihn interessieren und ihm wichtig erscheinen. Wie wir in unserem Dialog, wandert er von einem Argument zum nächsten; wie wir läßt er eine alte Überlegung hinter sich und beginnt mit einer neuen, die ihm besser gefällt; und es macht ihm nichts aus, wie lange oder wie kurz die Diskussion ist, wenn sie sich nur irgendwo in der Nähe dessen bewegt, was die Teilnehmer für die Wahrheit halten. Der Fachmann aber, also etwa ein Philosophieprofessor, spricht immer gegen die Zeit. Die Uhr und der Kalender lassen ihn nicht in Ruhe und treiben ihn an. Er hat nicht die Muße, den gewählten Gegenstand breiter zu behandeln, denn sein Gegner, sein Lektor, seine Vorgesetzten drängen ihn, halten ihm einen Zeitplan unter die Nase und zählen die Punkte auf, auf die er sich beschränken muß. Er ist ein Sklave, der mit anderen Sklaven vor einem Meister disputiert, und zwar mit einem genau definierten Antrag in seinen Händen. Und die Sache ist nie neutral, seine persönlichen Interessen stehen immer auf dem Spiel, manchmal sogar sein Ruf und damit auch sein Gehalt. Und so entwickelt er eine angespannte und bittere Art von Klugheit ...

Frei nach Platons *Theaitetos*

Vorwort zur deutschen Ausgabe

Der erste Dialog wurde 1976 geschrieben und in den *Boston Studies for the Philosophy of Science* veröffentlicht. 1989 fragte der Verlag Laterza, ob ich einer italienischen Ausgabe zustimmen würde. Ich sagte ja, brachte einige Änderungen an und fügte den zweiten Dialog hinzu.

Seit 1989 (und noch mehr seit 1976) hat sich die Situation in verschiedenen Gebieten sehr verändert. Bei den besser informierten Wissenschaftsphilosophen und -soziologen liegt der Akzent nicht mehr auf der Einheit und Harmonie wissenschaftlicher Verfahren, sondern auf ihrer Vielheit und ihren Widersprüchen. Selbst das Werk von Thomas S. Kuhn ist für die neuen Forscher noch viel zu abstrakt und allgemein. Einen guten Überblick bietet die von Andrew Pickering herausgegebene Aufsatzsammlung *Science as Practice and Culture*, University of Chicago Press 1992 und die darin angegebene Literatur. In der amerikanischen Erziehung gibt es eine zum Teil offiziell geförderte Reform, die anstelle westlicher Ideen (Wissenschaft plus Shakespeare etc.) eine Vielfalt kultureller Inhalte lehrt (vgl. die kritische Darstellung bei Arthur M. Schlesinger Jr., *The Disuniting of America*, New York 1992, die sich allerdings nur mit den Geisteswissenschaften befaßt). Die Medizin hat sich geöffnet, es gibt neue Lehren, neue Methoden und ein neues Verhalten den Patienten gegenüber. Früher verachtete Behandlungsmethoden wie die Akupunktur sind jetzt in verschiedenen Ländern legitim, Vorschläge wie Paulings Vitamintherapie werden untersucht und, so scheint es, für gut befunden. Auch wurde der Einfluß von Experten bei Gerichtsverhandlungen weitgehend entschärft. An der London School of Economics weht seit einiger Zeit ein frischer Wind. Deprimiert von der Öde der Popperschen Orthodoxie haben die heimischen Philosophen selbst einen Wandel herbeigeführt: Nancy Cartwright ist nun der Vorstand des philosophischen Instituts. Es scheint, daß sich die Lage überall verbessert hat.

So einfach ist die Sache aber nicht. Es genügt nicht, daß »gute« Vorschläge (Pluralismus in der Erziehung; Beschränkung des Einflusses von Experten) bloß abstrakt ausgeführt werden. Man muß auch untersuchen, in welchem Ausmaß die nicht vorhergesehenen (und nicht vorhersehbaren) *Nebenwirkungen* einer Reform diese stören und vielleicht sogar zunichte machen. Eine rein mechanische Nachahmung der Elemente von Kulturen, die vom Westen zurückgedrängt wurden, führt zwangsläufig »zu mumienhaften Fetzen, die doch, in ihrer Erstarrung, nur die Negation, die Überschreitung, die Erfindung ausdrücken. Die Kultur hat niemals die Durchsichtigkeit der Sitten. Sie entzieht sich jeder Vereinfachung. In ihrem Wesen ist sie das Gegenteil der Sitten, die immer ein Verfall der Kultur sind« (Frantz Fanon, *Die Verdammten dieser Erde).* So regieren bei der Beurteilung medizinischer Verfahren und pharmazeutischer Erfindungen nun Anwälte, Pseudoexperten und die Geldgier (vgl. Peter W. Huber, *Galileo's Revenge,* New York 1991).

Ist »die Freiheit« nicht wunderbar? Sicher nicht, wenn sie Hunger, Krieg und Mord im Gefolge hat. Es gibt eben auf dieser Welt keinen Eingang ins Paradies, nur Übergänge zu Situationen, die man lange für erstrebenswert gehalten hat, deren Wirklichkeit den Wünschen aber nur selten entspricht. Heißt das, daß die alten Philosophien und die alten Verfahren beibehalten werden sollen? Sicher nicht; denn deren Nachteile liegen ja deutlich vor Augen.

Juni 1992   P.K.F.

Erster Dialog

A: Was haben Sie gegen den kritischen Rationalismus?

B: Den kritischen Rationalismus?

A: Ja, den kritischen Rationalismus; die Philosophie Poppers.

B: Ich wußte nicht, daß Popper eine Philosophie hat.

A: Das meinen Sie doch nicht ernst. Sie haben bei ihm studiert ...

B: Ich habe einige seiner Vorlesungen gehört ...

A: Und wurden sein Schüler ...

B: Ich weiß, das sagen die Popperianer ...

A: Sie haben Poppers *Offene Gesellschaft* übersetzt ...

B: Ich brauchte das Geld ...

A: Sie haben Popper in Anmerkungen erwähnt, und zwar recht häufig ...

B: Weil er und seine Schüler mich darum baten, und weil ich ein gutes Herz habe. Ich ahnte ja nicht, daß derlei freundliche Gesten eines schönen Tages Anlaß zu ernsthaften wissenschaftlichen Auslassungen geben würden.

A: Sie waren aber Popperianer — all Ihre Argumentationen waren im Popperschen Stil.

B: Eben da irren Sie sich. Es stimmt wohl, daß einige meiner Diskussionen mit Popper ihren Niederschlag in meinen frühen Schriften gefunden haben — aber das gilt auch für meine Diskussionen mit Anscombe, Wittgenstein, Hollitscher, Bohr, und selbst meine Lektüre des Dadaismus, des Expressionismus, von Naziautoritäten hat hier und da Spuren hinterlassen. Sehen Sie, wenn ich auf merkwürdige Ideen stoße, dann probiere ich sie aus. Und meine Art, sie auszuprobieren, besteht darin, sie bis ins Extrem voranzutreiben. Es gibt keine einzige Idee, so absurd und abstoßend sie auch sein mag, die nicht einen vernünftigen Aspekt enthält, und es gibt keine einzige Ansicht, so plausibel und humanitär sie auch sein mag, die nicht unsere Dummheit und unsere verbrecherischen Neigungen fördert und dann verdeckt. In meinen Schriften findet sich viel Wittgenstein — aber die Wittgensteinianer sind weder darauf aus noch darauf angewiesen, eine große Anhängerschaft zu haben, und darum erheben sie keinen Anspruch auf mich als einen der ihren. Außerdem sind sie sich darüber im klaren, daß ich Wittgenstein zwar zu den wichtigen Philosophen des zwanzigsten Jahrhunderts zähle ...

A: Wichtiger als Popper?

B: Popper ist kein Philosoph, er ist ein Pedant — deshalb lieben ihn die Deutschen so. Auf jeden Fall begreifen die Wittgensteinianer, daß meine Bewunderung für Wittgenstein mich nicht zum Wittgensteinianer macht. Das ist aber alles nebensächlich ...

A: Nicht ganz. Denn Sie behaupten ja, sie könnten bestimmte Ideen zwar *benutzen,* bräuchten sie aber nicht zu *akzeptieren.*

B: Ja.

A: Sind Sie Anarchist?

B: Ich weiß nicht — darüber habe ich noch nicht nachgedacht.

A: Aber Sie haben doch ein Buch über den Anarchismus geschrieben!

B: Ja, und?

A: Wollen Sie denn nicht ernst genommen werden?

B: Was hat das damit zu tun?

A: Ich verstehe Sie nicht.

B: Wenn ein gutes Theaterstück aufgeführt wird, dann nehmen die Zuschauer die Handlung und die Worte der Schauspieler sehr ernst; sie identifizieren sich mal mit der einen, mal mit der anderen Rolle, und sie tun das, obwohl sie wissen, daß der Schauspieler in der Rolle des Puritaners privat ein Lebemann und der bombenwerfende Anarchist ein Angsthase ist.

A: Aber sie nehmen doch den Schriftsteller ernst!

B: Nein, eben nicht! Wenn das Stück sie in seinen Bann gezogen hat, stehen sie unter dem Zwang, sich mit Problemen auseinanderzusetzen, über die sie nie nachgedacht haben, ganz egal, was sie an zusätzlicher Information erhalten, wenn das Stück zu Ende ist. Und diese zusätzliche Information ist nicht wirklich von Bedeutung . . .

A: Aber angenommen, der Autor hat sie an der Nase herumgeführt . . .

B: Wie meinen Sie das — an der Nase herumgeführt? Er hat ein Stück geschrieben — oder nicht? Das Stück hatte eine Wirkung — oder nicht? Es hat die Leute zum Nachdenken gebracht — oder nicht?

A: Es hat sie zum Nachdenken gebracht, indem er ihnen etwas vorgemacht hat.

B: Ihnen wurde nichts vorgemacht, denn an den Autor haben sie nicht gedacht. Und wenn sich herausstellt, daß dessen Überzeugungen nicht mit denen seiner Gestalten übereinstimmen, so werden wir ihn umso mehr für seine Fähigkeit bewundern, über die engen Grenzen seines Privatlebens hinauszugehen. Ihnen ist anscheinend ein Stückeschreiber lieber, der Predigten hält ...

A: Mir ist ein Stückeschreiber lieber, dem ich vertrauen kann ...

B: Weil Sie nicht denken wollen! Sie wollen, daß *er* die Verantwortung für seine Ideen übernimmt, damit Sie sie bedenkenlos und ohne sie im einzelnen überprüfen zu müssen übernehmen können. Ich kann Ihnen aber versichern, daß seine Ehrlichkeit Sie nicht weiterbringen würde. Es gibt viele ehrliche Schwachköpfe und Verbrecher.

A: Sind Sie gegen die Ehrlichkeit?

B: So eine Frage kann ich nicht beantworten.

A: Viele Leute können das.

B: Nochmals: weil sie nicht denken. Die Situationen, in die wir verwickelt sind und bezüglich derer wir ehrlich sein sollen, lassen sich auf viele verschiedene Weisen beschreiben. Einmal beschrieben, sind sie nicht mehr dieselben wie vorher. Ich kann ehrlich sein wollen und sagen: »Ich liebe Maureen«, und ich sage es, weil ich ehrlich sein will. Aber nachdem ich es gesagt habe, kommen mir Zweifel — sagen, daß ich sie »liebe«, ist ein bißchen zuviel gesagt. »Ich mag Maureen« ist besser. Aber das trifft es nicht ganz. Es fehlt etwas — und so weiter. In solche Schwierigkeiten gerate ich nicht, wenn ich einfach die Geschichte meiner Affäre mit Maureen erzähle — natürlich liebe ich sie — was denn sonst? Der Anspruch, ehrlich zu sein, wirft aber ein seltsames Licht auf meine Geschichte, sie wird zweideutig ...

A: Jetzt sagen Sie, daß Sie nicht nur nicht wissen, was Ehrlichkeit ist, Sie wissen auch nicht, was Liebe ist.

B: Das weiß ich auch nicht.

A: Finden Sie nicht, daß Sie ein bißchen seltsam sind? Das weiß man doch, ob man seine Frau, seine Eltern liebt . . .

B: Man ist schnell bei der Hand mit dem »Ich liebe dich« – das gebe ich zu. Aber weiß man es? Ein kleines Kind sagt seiner Mutter »Ich liebe dich«. Der eine Partner in einer sado-masochistischen Beziehung sagt dem anderen »Ich liebe dich«, während er gepeitscht wird – denken Sie mal an Liliana Cavanis *Nachtportier*. Die Worte kommen ohne Mühe – bedeuten sie aber dasselbe?

A: Also, wenn das so weitergeht, werden Sie bald sagen, daß wir nie wissen, was wir tun, und daß unser ganzes Leben ein Hirngespinst ist . . .

B: Und wenn es so ist? Jedenfalls ist jegliche Sicherheit, die in dem zu sein scheint, was wir sagen, das Ergebnis von Gedankenlosigkeit, und das Theater ist hier ein höchst geeignetes Kommunikationswerkzeug, weil es an diese Gedankenlosigkeit appelliert und sie gleichzeitig deutlich macht. Aber zurück zur Ehrlichkeit – angenommen, ich weiß, was das ist, und angenommen, das bedeutet, daß ich nicht lügen sollte. Dann wird mein Wunsch, ehrlich zu sein, sehr oft mit meinem Wunsch, freundlich zu sein, in Konflikt treten.

A: Kant hat darauf eine Antwort. Unehrlich gegenüber einem einzelnen Menschen zu sein, schadet der ganzen Menschheit, weil sich die Menschheit auf Vertrauen gründet. Die kleinste Lüge, die auf der Welt erzählt wird, bricht dieses Vertrauen und schadet der Menschheit.

B: Nun, da haben wir einen der Gründe, warum ich so oft Verachtung für die Philosophen empfinde . . .

A: Sie sind doch selbst einer!

B: Nein, das bin ich nicht! Ich bin ein Professor der Philosophie, das heißt ein Beamter. Aber zurück zu Kant! Er konstruiert eine Karikatur, eine schreckliche Karikatur dessen, was es heißt, menschlich zu sein, und benutzt sie als Rechtfertigung für Grausamkeit ohne jedes Gefühl des Bedauerns, nein, ganz im Gegenteil mit dem wundervollen Gefühl, »das Rechte« getan zu haben. Die Philosophen sind große Künstler, wenn es darum geht, wundervolle Gründe für grausames Handeln zu finden ...

A: Bitte hören Sie auf — ich kann gut auf Ihre Reden verzichten!

B: Nein, hören Sie zu. Ich stehe vor einer sterbenden Frau. Ihr Sohn ist ihr Ein und Alles. Sie hat große Schmerzen. Sie weiß, daß sie im Sterben liegt. Sie fragt: »Was macht Arthur?« Nun ist Arthur im Gefängnis. Soll ich ihr das sagen und sie in Verzweiflung aus dieser Welt gehen lassen, oder soll ich ihr sagen: »Arthur geht es gut«? Nun sagt Kant, daß ihre Verzweiflung, verglichen mit dem Wohlergehen der Menschheit, nicht zählt. Aber dieses Wohlergehen der Menschheit ist von vorne bis hinten seine eigene, monströse Konstruktion. Nicht ein einziger leidender Mensch in Äthiopien wird sich erbaut fühlen oder weniger leiden, weil ich grausam zu der Frau gewesen bin. Und das ist es, was zählt, nicht die Wahnideen eines philosophischen Dr. Mabuse.

A: Wenn Sie so darüber denken — heißt das, daß Sie dagegen sind, die Idee der Ehrlichkeit zu einem wichtigen Teil unseres Verhaltens und damit unserer Erziehung zu machen?

B: Also, wenn *das* die Frage war, dann ist meine Antwort klar. Sie sollte ein wichtiger Teil unserer Erziehung sein, *vorausgesetzt,* man sagt uns dazu, daß sie ihre Grenzen hat, und bringt uns bei, wie wir uns innerhalb dieser Grenzen verhalten sollen.

A: Würden Sie dasselbe in bezug auf die Wahrheit und die Anständigkeit sagen?

B: Ich würde dasselbe in bezug auf alle Ideen sagen, die mit großen Worten wie Wahrheit, Ehrlichkeit, Gerechtigkeit ausgedrückt werden, die auf unser Hirn einhämmern und unsere besten Instinkte verstümmeln.

A: Für Sie ist die Erziehung also ein Mittel, die Menschen davor zu bewahren, erzogen zu werden.

B: Genau. Kennen Sie Bela Lugosi?

A: Ja, natürlich.

B: Er hat den Dracula gespielt.

A: Er hat ihn sehr gut gespielt.

B: Es heißt, er habe in einem Sarg geschlafen.

A: Geht das nicht ein bißchen zu weit?

B: Wieso?

A: Es gibt Wichtigeres im Leben als Dracula zu spielen.

B: Genau! Und es gibt Wichtigeres im Leben als das, was in irgendeinem Glaubenssystem enthalten ist, einer Philosophie, einer Ansicht, einer Lebensform oder was auch immer, und deshalb sollte man nie dazu erzogen werden, Tag und Nacht in dem Sarg eines einzelnen Ideengebäudes zu schlafen, und ein Autor, der seinen Lesern seine Ansicht unterbreitet, sollte nie so kurzsichtig sein zu glauben, daß es weiter nichts zu sagen gibt.

A: Es gibt Wichtigeres im Leben als die Wahrheit, die Ehrlichkeit . . .

B: Ja mein Gott, wann hört das wohl auf, diese albernen Arien ohne jeglichen Erkenntnisgehalt, nichts weiter als Hundepfeifen: sie versetzen die Gläubigen in einen Zustand aggressiver Bereitschaft — mit Ausnahme ihrer Gehirne, natürlich. Jede beliebige Reihe von Tugenden kann gelegentlich mit einer anderen Tugend in Konflikt stehen. Die Barmherzigkeit kann in Konflikt mit der Gerechtigkeit und der Wahrhaftigkeit stehen, die Liebe mit der Gerechtigkeit und der Wahrhaftigkeit, die Ehrlichkeit wiederum mit dem Wunsch, jemandes Leben zu schützen und so weiter. Außerdem kennen wir gar nicht alle Tugenden, die unserem Leben Gehalt geben können, wir haben gerade erst angefangen, uns über diese Dinge Gedanken zu machen, und so wird jedes ewige Prinzip, das wir heute vielleicht verteidigen, morgen höchstwahrscheinlich verworfen; es sei denn, wir werden in einem solchen Ausmaß die Opfer einer Gehirnwäsche, daß wir aufhören, menschliche Wesen zu sein, und zu Wahrheitsmaschinen und Ehrlichkeitscomputern werden. Im Leben gibt es tatsächlich Wichtigeres als die Wahrheit und die Ehrlichkeit. Die Menschen müssen fähig sein, diesen Reichtum zu sehen, sie müssen lernen, damit umzugehen, sie müssen eine Erziehung erhalten, die mehr als nur ein paar trockene Grundsätze enthält, oder um es negativ auszudrücken, sie müssen vor denen geschützt werden, die aus ihnen getreue Kopien ihrer eigenen geistigen Erbärmlichkeit machen wollen.

A: Sie sind also wirklich gegen die Erziehung.

B: Im Gegenteil! Ich betrachte die Erziehung – die richtige Art von Erziehung – als eine höchst notwendige Lebenshilfe. Ich meine, daß die armen Wesen, die in die Welt gesetzt worden sind, nur weil ein Mann und eine Frau sich langweilten und hofften, daß ein herziges kleines Ding die Langeweile beseitigen würde, oder weil Mama die Pille vergessen hat, oder weil Mama und Papa Katholiken sind und nicht den Mut haben, ohne Zeugung zu genießen – ich meine, diese armen Wesen brauchen Schutz. Sie haben das Leben erhalten, ohne darum gebeten zu haben – und dennoch stößt man sie vom ersten Lebenstag an herum, man verbietet ihnen dies, befiehlt ihnen das, man setzt sie unter allen möglichen Druck, einschließlich des unmenschlichen Drucks, der sich aus dem Bedürfnis nach Liebe und Mitgefühl ergibt. So wachsen sie heran. Sie werden »verantwortlich«. Und jetzt verfeinert sich der Druck. Statt der Ohrfeige kommt das Argument, statt elterlicher Drohungen der Druck irgendeines Zwerges, der von Zwergen gleichen Schlags als ein »bedeutender Mensch« angesehen wird. Statt sein Abendbrot zu essen, soll der Arme nun nach der Wahrheit suchen. Aber warum sollten die Kinder von morgen die führenden Dummköpfe von heute kopieren? Warum sollten die, denen wir das Dasein aufgezwungen haben, dieses Dasein nicht auf ihre eigene Weise sehen? Haben sie nicht ein Recht darauf, ihr eigenes Leben zu führen? Haben sie nicht ein Recht darauf, sich Genuß zu verschaffen, selbst wenn sich ihre Lehrer, Väter, Mütter sowie die örtliche Polizei dabei vor Angst in die Hose machen? Warum sollten sie nicht gegen Die Vernunft und Die Wahrheit entscheiden . . .

A: Das sind doch Phantastereien . . .

B: Und darauf habe ich gutes Recht. Jeder hat ein gutes Recht darauf, und es darf uns nicht durch eine Erziehung genommen werden, die uns verstümmelt, statt uns dabei zu helfen, das eigene Dasein voll und ganz zu entwickeln.

A: »Das eigene Dasein voll und ganz zu entwickeln« — Sie sind der egoistischste Mensch, der mir je begegnet ist.

B: Ich habe nicht gesagt, daß ich das für mich selbst will. Ich bin zu alt, um die Freiheit zu nutzen, von der ich meine, daß jeder sie haben sollte, und zu kaputt durch ein chaotisches und schlecht eingerichtetes Leben. Aber ich sage, daß jeder, der ungefragt in diese Welt gesetzt worden ist, jedem ins Gesicht lachen kann, der ihm etwas über »Pflichten«, »Verpflichtungen« und was weiß ich noch alles erzählen will. Ich habe nicht darum gebeten, geboren zu werden. Ich habe meine Mutter nicht darum gebeten, mit Papa ins Bett zu hüpfen, damit ich das Tageslicht erblicken kann. Ich habe meine Eltern und meine Lehrer nicht darum gebeten, mich zu unterrichten, und deswegen schulde ich ihnen nichts.

A: Ich kann mir nicht vorstellen, daß Sie wirklich so herzlos über Ihre Eltern denken.

B: Herzlos? Vom Herzen war bisher nicht die Rede, nur von Pflichten. Und diese schalte ich aus, wenn ich sage, ich schulde meinen Eltern nichts. Und es wäre eine sehr traurige Situation, wenn meine Beziehung zu den Eltern auf Pflichten beruhte, nicht aber auf der Liebe. Gar nichts aber schulde ich den »Führern der Menschheit« und keiner kann von mir erwarten, daß ich die albernen Spiele ernst nehme, die sie zu ihrer eigenen Unterhaltung erfunden haben ...

A: Christus hat nicht zu seiner eigenen Unterhaltung gepredigt ...

B: In gewisser Weise hat er das doch — er hat sicher nicht seinen Wünschen zuwidergehandelt. Er hatte eine bestimmte Lebensform vor Augen, er wollte sie verbreiten, nach einigem Zögern versuchte er sogar, die Aufmerksamkeit der Leute zu erzwingen. Er hat einen historischen Prozeß in Gang gesetzt, in dessen Verlauf Millionen von Menschen gefoltert, verstümmelt worden sind, kleine Kinder sind verbrannt worden, weil sich ein Inquisitor für ihre Seelen »verantwortlich« gefühlt hat ...

A: Sie können doch die Inquisition nicht Christus anlasten!

B: Doch, das kann ich! Jeder Lehrer, der neue Ideen, eine neue Lebensform einführen will, muß sich über zwei Dinge im klaren sein. Erstens, daß Ideen mißbraucht werden, es sei denn, sie haben einen eingebauten Schutz. Voltaires Ideen hatten diesen Schutz, Nietzsches Ideen nicht. Nietzsche ist von den Nazis benutzt worden, Voltaire nicht, obwohl sich bei ihm antisemitische Äußerungen finden. Zweitens muß er sich darüber im klaren sein, daß eine »Botschaft«, die unter bestimmten Umständen hilfreich ist, unter anderen tödlich sein kann . . .

A: Was ist mit der Botschaft, daß wir nach der Wahrheit suchen sollen?

B: Sie läßt uns vergessen, daß ein Leben ohne Rätsel öde ist, und daß man manches, zum Beispiel seine Freunde, mehr lieben als völlig verstehen sollte.

A: Aber es wird doch immer Dinge geben, die wir nicht wissen . . .

B: Ich denke dabei an diejenigen Dinge, die man auf sich beruhen lassen sollte, selbst wenn ein Suchen nach der Wahrheit erfolgversprechend scheint . . .

A: Das ist doch schierer Obskurantismus . . .

B: Ja, und ich denke, man sollte obskurantistischer sein, als viele »vernünftige« Menschen es heute zu sein wagen.

A: Welchen Vorteil hat das?

B: Sind Sie schon mal verliebt gewesen?

A: Ich denke, schon . . .

B: Sie denken, schon.

A: Also, ich denke, ja.

B: Hat es Ihnen gefallen?

A: Hat mir was gefallen?

B: Verliebt zu sein?

A: Ja, es hat mir gefallen.

B: Haben Sie versucht herauszubekommen, warum?

A: Ja, natürlich habe ich das!

B: Wie sind Sie dabei vorgegangen?

A: Ich habe Fragen gestellt.

B: Wen haben Sie gefragt?

A: Ich habe einige meiner Bekannten gefragt. Auch die betreffende Dame habe ich gefragt.

B: Wie hat sie reagiert?

A: Sie war sehr geduldig —

B: Aber sie hat das Interesse verloren.

A: Ja. Sie hat mir auch gesagt, daß ich über ihre Angelegenheiten nicht mit Fremden zu reden hätte.

B: Ihr Suchen nach der Wahrheit hat mit ihrem Wunsch nach Vertraulichkeit in Konflikt gestanden.

A: So war es anscheinend.

B: Nach Ihren Erkundigungen — haben Sie sie da mehr geliebt oder weniger?

A: Nun ja . . .

B: Die ganze Geschichte hat aufgehört.

A: Ja.

B: Sie haben sie mit Ihrer Wißbegier umgebracht.

A: Aber . . .

B: Aber es gibt bei jedem Menschen einen Bereich, den man respektieren muß, in den man nicht eindringen darf, außer wenn man die Erlaubnis dazu erhält . . .

A: Das gebe ich alles zu — aber dies ist ein ganz besonderer Fall.

B: Das ist er nicht — sehen Sie sich mal dieses Buch hier an.

A: Menschen als Versuchskaninchen — wovon handelt es?

B: Es handelt von wahrheitssuchenden Ärzten.

A: Ärzte müssen doch Mittel finden, um Patienten zu heilen.

B: Auf Kosten der Patienten?

A: Wie könnten sie sonst die Medizin verbessern?

B: Die Physik beruht auf Experimenten — nicht wahr?

A: Ja.

B: Die besten Resultate kommen aus Laboratorien.

A: Ja.

B: Die Sterne sind aber zu weit weg, um Laborversuche damit anzustellen.

A: Zugegeben.

B: Deshalb hat man andere Methoden finden müssen, um Wissen über sie zu sammeln. Und die Astronomie war lange vor der Physik erfolgreich, obwohl es keine Laborresultate gab.

A: Patienten stehen aber in Mengen zur Verfügung.

B: Nein, das tun sie nicht. Ihr Körper gehört ihnen, und kein Arzt hat das Recht, darin herumzustochern, um seine Neugier zu befriedigen.

A: Wie soll er denn dann heilen?

B: Indem er eine Art von Medizin entwickelt, die nicht auf Eingriffe in den menschlichen Körper angewiesen ist.

A: Aber so eine Medizin ist unmöglich.

B: Sie ist nicht nur nicht unmöglich, es gibt sie. Die sogenannten Empirikerschulen in der Medizin haben ausführliche Informationen über beobachtbare Veränderungen ohne Eingriffe bei Patienten gesammelt — Veränderungen der Augenfarbe, der Hautstruktur und der Hautfarbe, des Muskeltonus, der Beschaffenheit von Stuhl, Urin, Speichel, der Struktur der Schleimhäute, der Reflexe.

A: Es ist wohl kaum möglich, sich für Diagnosen und Therapien auf sowas zu stützen.

B: Das zeigt nur, wie wenig Sie über die Medizin und die Heilkunst wissen. Die Pulsdiagnose ist sehr erfolgreich beim Auffinden feinster Störungen des Organismus, die bei »wissenschaftlichen« Prüfungen nur selten sichtbar werden; man diagnostiziert viele Leiden ohne die teure Maschinerie, auf die die moderne Medizin angewiesen ist, Röntgenstrahlen werden unnötig, und das gilt auch für andere gefährliche Diagnoseverfahren.

A: Nun ja, vielleicht ist es möglich, ein paar Zusammenhänge zu finden — aber man kann wohl kaum sagen, daß sie zu einem Verstehen von Krankheit führen.

B: Verstehen ist aber nicht das, was man von einem Arzt verlangt. Er muß heilen ...

A: Er muß aber auch wissenschaftlich vorgehen.

B: Warum denn? Man kann tatsächlich mit Leichtigkeit nachweisen, daß ein »wissenschaftliches Vorgehen« mit Gehaltsvergrößerung und diesem ganzen Blödsinn oft mit der Aufgabe zu heilen *in Konflikt steht.*

A: Was für Paradoxien brauen Sie jetzt zusammen?

B: Gar keine Paradoxien! Sie werden zugeben, daß Philosophen oft Ideen hervorgebracht haben, die für normale Leute sinnloses Gerede sind.

A: Das gebe ich zu.

B: Andererseits gibt es Leute, deren Verhalten uns wie Wahnsinn vorkommt, die aber in anderen Gesellschaften eine wichtige Funktion haben.

A: Woran denken Sie dabei?

B: An Propheten, Schamanen. Die New Yorker von heute würden einen authentischen hebräischen Propheten für einen Verrückten halten, auch wenn er einen noch so schönen Brooklyner Dialekt sprechen würde.

A: Und das mit Recht, denn die Situation hat sich seit Nebukadnezar oder Herodes verändert.

B: Nicht so schnell! Wissen Sie, daß einige Leute ihren Verwandten eine große Hilfe sind, sie werden von ihnen geliebt, sie machen ihnen Mut, obwohl der Rest des Dorfes oder der Stadt nichts mit ihnen zu tun haben will?

A: Ich kenne so jemanden nicht — kann mir aber eine solche Situation gut vorstellen.

B: Alte Leute sind heute meistens ein medizinischens Problem — man steckt sie in Pflegeheime oder Altenkrankenhäuser ...

A: ... weil sie Pflege brauchen, weil sie nicht für sich selbst sorgen können.

B: Nein, weil es nichts gibt, was sie tun könnten. Alternde Leute sind heute in den USA nichts weiter als menschlicher Schrott, und dementsprechend verhalten sie sich natürlich auch bald. Es gibt andere Gesellschaften, wo die Verantwortung mit dem Alter zunimmt, wo man dem, was wir heute seniles Geschwätz nennen, aufmerksam zuhört, wo die Jungen etwas aus der Erfahrung ihrer Vorfahren lernen ...

A: ... dafür haben wir Historiker.

B: Und was machen diese Historiker? Sie werden bezahlt, um mündliche Überlieferungen aufzuschreiben, das heißt Geschichten, wie sie von den Teilnehmern längst vergangener Ereignisse berichtet werden. Es wäre besser, diesen Berichten zuzuhören ohne den Filter eines intellektuellen Wesens, das zwischen die Quelle und diejenigen geschoben wird, die aus ihr lernen können. Wissen Sie, daß sich die Einstellung der Menschen gegenüber Kindern in den letzten zweihundert Jahren erheblich verändert hat? Heute sind wir, was Kinder angeht, sehr gefühlvoll — aber vor gar nicht langer Zeit bedeutete der Tod eines Kindes nicht mehr als der Tod eines Haustiers. Sogar Rousseau, ansonsten voll von Tränen, beschrieb ohne viel Gefühl, wie er seine fünf Kinder ins Waisenhaus geschickt hat. Sie haben sicher auch Foucaults Buch über die Einstellungswandlung gegenüber der Geisteskrankheit, dem Gefängnis, dem Verbrechen gelesen. Vor einiger Zeit wurden Geisteskranke in eine Kategorie mit den Armen oder mit den Arbeitsscheuen gesteckt, noch früher interpretierte man geistige Abweichungen als Resultat eines Pakts mit dem Teufel; heute entscheidet die Psychiatrie ...

A: Ich habe von alldem schon gehört, allerdings nur vage und gerüchtweise. Sagen Sie mir aber doch, was hat das alles mit Ihrem Versprechen zu tun ...

B: ... zu zeigen, daß die wissenschaftliche Medizin in Konflikt geraten kann mit dem Wunsch zu heilen? Nun, ebenso wie die Idee der Kindheit, des Todes, des Wahnsinns, des Verbrechens, die Idee eines Gefängnisses, die Einstellung gegenüber alten Menschen verschieden ist in verschiedenen Gesellschaften, sogar in verschiedenen Teilen ein und derselben Gesellschaft, ebenso wie sie sich von einer Generation zur nächsten ändert, genauso ändert sich auch die Idee der Gesundheit oder, allgemeiner gesprochen, die Idee des Wohlbefindens.

A: Ja, das ist mir klar. Und ich füge hinzu, daß wir uns heute für eine angemessene Definition der Gesundheit an die Wissenschaften wenden müssen.

B: Für Sie ist ein Arzt anscheinend eine Art Dr. Frankenstein. Er findet einen Organismus vor, sagt »unbrauchbar« und versucht, ihn neu zusammenzubauen, bis er seiner Idee von einem gesunden Wesen entspricht.

A: Der Patient weiß doch fast nie, wann er krank ist und wann nicht — abgesehen vielleicht von extremen Fällen.

B: Vielleicht weiß er nicht, wann er krank ist im Sinn der Wissenschaften, aber er weiß mit Sicherheit, was für ein Leben er vorzieht und was für ein Leben er verabscheut.

A: Aber das genügt doch ganz und gar nicht. Ein Mensch mag sich sehr wohl fühlen — aber eine kurze Untersuchung zeigt, daß er an einem bösartigen Tumor leidet. Das hätte er ohne die analytische Untersuchung nicht gewußt, und diese hilft ihm daher, sich nicht nur jetzt, sondern auch in Zukunft besser zu fühlen, als er es sonst täte.

B: Zugegeben — die wissenschaftliche Medizin *erweitert* unser Wissen und unsere Behandlungsmethoden. Aber sie *verengt* auch beides. Ich habe schon gesagt, daß alte Leute in gewissen Gesellschaften eine ehrenvolle Funktion ausüben, sie haben Autorität, sie sind nicht nutzlose Schmarotzer. Das versetzt sie natürlich in einen Gefühlszustand, der besser ist als der eines weggeworfenen Pensionisten. Nun haben Forscher im Rahmen der wissenschaftlichen Medizin schon seit langem einen Zusammenhang entdeckt zwischen dem psychischen Zustand einer Person und ihrer physischen Fähigkeit, Krankheiten zu überwinden. Das Immunsystem, zum Beispiel, funktioniert dann besser. Es gibt aber einflußreiche Traditionen in der Schulmedizin, die auf Grund ihrer Forschungsmethode diesen Zusammenhang gar nicht entdecken können — sie trennen den Patienten von seiner sozialen Umgebung und untersuchen ihn in dieser Isolation. Diese Traditionen haben sich sehr gegen die Berücksichtigung psychischer Ursachen oder Bedingungen gewehrt. Das, sagten sie, sei reiner Obskurantismus.

A: Aber die Sache wurde am Ende doch berichtigt — heute wird kein Arzt mehr die Kraft psychischer Einflüsse leugnen.

B: *Kein* Arzt? Sie sind ein Optimist. Aber, wie dem auch sei — wichtige Information wurde zuerst verdrängt, als Obskurantismus bekämpft, und erst langsam konnte sie in den Bereich medizinischen Wissens zurückkehren.

A: Und erst dann wurde sie wirklich brauchbar.

B: Erst dann? Sie machen eine ganze Menge von Annahmen! Erstens, daß die Meinung der Mediziner — und jetzt meine ich der wissenschaftlichen Forscher unter den Medizinern, nicht der Praktiker — immer *einheitlich* ist. Zweitens, daß sie immer *gut* ist in dem Sinn, daß sie dem Kranken weniger schadet als, sagen wir, eine Volksmedizin wie die Kräuterheilkunde. Drittens, daß ihre Umsetzung in die Praxis dem allgemeinen Gesundheitszustand, so, wie sie ihn definiert, *verbessert*. Keine dieser Annahmen ist korrekt. Ich lese eben ein sehr interessantes Buch — *Die Rache Galileis (Galileo's Revenge)* von Peter Huber. Darin erläutert der Autor, wie Tatsachen vor Gericht in einer Weise definiert werden, die sich sehr unterscheidet von der Weise, in der man sie in den Wissenschaften definiert — und er will den Leser überzeugen, daß allein die »gute Wissenschaft« oder die »Hauptströmung der Wissenschaft« (mainstream science) die Grundlage aller rechtlichen Entscheidungen sein sollten. Aber in vielen Fragen ist die »gute Wissenschaft« und selbst die »mainstream science« geteilter Meinung. Zum Beispiel gab es lange Zeit einen Streit darüber, ob Röntgenstrahlen selbst von niedrigster Intensität Schaden anrichten, oder ob es eine untere Schwelle gibt. Linus Paulings Idee, daß Vitamine, vor allem die Vitamine C und E bei Krebs vorbeugend helfen können, wurde lange Zeit ausgelacht, heute gibt es Strömungen innerhalb der »mainstream medicine«, die diese Sache ernst nehmen. Die zweite Annahme, daß eine wissenschaftlich fundierte Medizin immer gut ist, ist einfach falsch — es gab viele sehr schädliche Moden. Die dritte Annahme, daß die Medizin den Gesundheitszustand der Bevölkerung, statistisch genommen, immer verbessert hat, wurde durch statistische Überlegungen in Frage gestellt. McKeown, einer der Forscher auf diesem Gebiet, sagt darüber: »Im Lichte dieser Schlußfolgerungen, das 20. Jahrhundert betreffend, ist es sehr unwahrscheinlich, daß die medizinische Versorgung von Einzelpersonen auf die Sterblichkeitstendenz im 18. und 19. Jahrhundert einen wesentlichen Einfluß hatte« — hier habe ich das Buch — The *Role of Medicine*, Seite 77. Um die Jahrhundertwende war an der Johns Hopkins University und anderen Universitäten William Oslers »medizinischer Nihilismus« an der Tagesordnung: Wir können diagnostizieren, wir können vielleicht prognostizieren, aber wir sollen gar nicht erst versuchen, zu heilen.

A: Aber heute ist die Lage doch anders!

B: Richtig. Die Entdeckung der Antibiotika war eine große Leistung, und die Molekularbiologie hat uns viele neue Erkenntnisse gebracht. Aber es besteht noch immer die Notwendigkeit, alte Erkenntnisse, die vom wissenschaftlichen Chauvinismus zurückgedrängt wurden, wieder einzusetzen, ja, vielleicht sogar wissenschaftlich zu untermauern, weil das heute eben so Mode ist. Und dabei spielen die Wünsche der Patienten und ihre Vorstellungen von einer richtigen Heilkunde eben eine große Rolle. Jeder Mensch, der nicht ganz verblödet ist durch eine engstirnige Erziehung, kann beim Studium des Verhaltens seines Körpers in verschiedenen Situationen Dinge herausfinden, die der Schulmedizin ganz unbekannt sind.

A: Sie sind ein Optimist.

B: Nehmen wir an, ich bin einer — heißt das, daß man jemand anderen für einen Menschen entscheiden lassen soll, der auf diesem Gebiet noch keine Kenntnisse hat?

A: Na, wenn er es nicht weiß, dann muß doch wohl ein anderer die Entscheidung fällen.

B: Das ist nicht die einzige Möglichkeit.

A: Woran denken Sie dabei?

B: An die Erziehung.

A: Aber das läuft doch auf dasselbe hinaus — man bringt einem Menschen bei, Entscheidungen zu fällen, die Fachleute unter denselben Umständen fällen würden.

B: Für Sie bedeutet also Erziehung, daß man aus Menschen Fachleute macht.

A: Ja. Oder zumindest, daß man ihnen einen Einblick in Fachkenntnisse vermittelt.

B: Wie zum Beispiel in Kenntnisse über Astrologie oder Akupunktur?

A: Natürlich nicht.

B: Wieso nicht?

A: Muß ich Ihnen triviale Dinge erklären?

B: Das wäre mir sehr lieb.

A: Die Astrologie nimmt doch keiner ernst.

B: Da muß ich Ihnen leider widersprechen — viele Leute nehmen sie ernst.

A: Keiner, der ein bißchen Ahnung von Wissenschaft hat, nimmt sie ernst.

B: Natürlich nicht — dieses Monstrum, das Sie »die Wissenschaft« nennen, ist ja jetzt unsere liebste Religion.

A: Wollen Sie allen Ernstes die Astrologie verteidigen?

B: Warum denn nicht, wenn die Angriffe kindisch sind?

A: Gibt es denn nicht wichtigere Dinge?

B: Nichts ist wichtiger, als die Menschen davor zu bewahren, sich von ignoranten Rüpeln einschüchtern zu lassen. Die Astrologie ist auch ein ausgezeichnetes Beispiel für die Art und Weise, in der Ignoranten — d.h. Wissenschaftler — es Hand in Hand mit anderen Ignoranten — zum Beispiel Wissenschaftsphilosophen — fertiggebracht haben, jedermann hinters Licht zu führen. Glauben Sie mir, ich persönlich habe wenig Interesse an der Astrologie. Viele Ausführungen von Astrologen langweilen mich zu Tode. Ich lese viel lieber Berichte über neue Entdeckungen auf dem Gebiet der Kosmologie, der Geschichte, der Archäologie. Auch brauchen die Astrologen keine Verteidiger. Sie sind populär, und die führenden Astrologen verdienen eine ganze Menge Geld. Aber es handelt sich hier um ein gutes Beispiel von der Weise, in der Ideen, die Wissenschaftler nicht mögen, von diesen behandelt werden. Auf anderen Gebieten, zum Beispiel in der sogenannten Entwicklungshilfe, hat dasselbe Vorgehen in der Vergangenheit viel Unheil angerichtet. Also beginnen wir mit der Astrologie!

A: Ich glaube, ich höre nicht recht. Da sitzen Sie und reden, als wäre die Astrologie nicht kompletter Unsinn. Ich sehe nicht ein, warum wir noch mehr Zeit mit diesem Thema verschwenden sollen.

B: Ich werde Ihnen beipflichten, sobald Sie mich davon überzeugt haben, daß das tatsächlich Zeitverschwendung ist.

A (seufzend): Na gut, wenn Sie unbedingt Ihr Spielchen treiben wollen. Die Astrologie geht von einem zentralsymmetrischen Universum mit der Erde als Mittelpunkt aus. Diese Idee wurde seit Kopernikus aufgegeben. Die Astrologen haben dem keine Rechnung getragen; sie sind wissenschaftliche Analphabeten, die ihren kläglichen Aberglauben ohne Rücksicht auf den wissenschaftlichen Fortschritt aufrechterhalten, sie bringen die Leute um ihr Geld, setzen oberflächliche Voraussagen an die Stelle verantwortungsvoller Entscheidungen und berauben so den Menschen seines freien Willens, seines kostbarsten Gutes!

B: Ja, mein Gott — ihr Rationalisten werdet zu wahren Poeten, wenn es darum geht, falsche Götter aufs Korn zu nehmen!

A: Poesie oder nicht – ich habe recht, können wir also jetzt zum Thema Medizin zurückkehren?

B: Noch nicht.

A (verzweifelt): Noch ein Ablenkungsmanöver!

B: Kein Ablenkungsmanöver, nur eine einfache Bemerkung. Wußten Sie, daß der Einwand vom freien Willen . . .

A: . . . ein sehr wichtiger Einwand!

B: Und auch der Einwand vom Schicksal von Zwillingen . . .

A: . . . noch ein ausgezeichneter Einwand!

B: . . . beide von Kirchenvätern, zum Beispiel von Augustinus, kommen?

A: Nein, das wußte ich nicht – aber was macht das aus?

B: Was etwas ausmacht, ist die Tatsache, daß der Kampf gegen die Astrologen nicht von Wissenschaftlern, sondern von der Kirche begonnen wurde, und zwar aus religiösen Gründen. Und ich meine, daß die Heftigkeit, die den Kampf heute kennzeichnet, noch ein Überbleibsel mittelalterlicher Zeiten ist, egal, wie »wissenschaftlich« sich seine Hauptvertreter geben.

A: Das ist ja sehr interessant . . .

B: . . . und wichtig, denn es zeigt, daß die Wissenschaftler trotz ihrer entrüsteten Behauptung vom Gegenteil wichtige Einstellungen der Kirche übernommen haben.

A: Dazu kann ich nichts sagen. Es ist interessant, aber nicht von Bedeutung, denn was zählt, sind Argumente, nicht Einflüsse.

B: Haben Sie schon mal von Kepler gehört?

A (mit beleidigter Miene): Ja, selbstverständlich.

B: Wußten Sie, daß er Horoskope geschrieben hat?

A: Weil er seinen Unterhalt verdienen mußte!

B: Daß er auch Aufsätze geschrieben hat, in denen er die Astrologie verteidigt?

A: Das hat er wohl kaum ernst gemeint.

B: Wieso nicht?

A: Einer der führenden kopernikanischen Astronomen?

B: Ja, und er hat die Astrologie nicht nur verteidigt und praktiziert, er hat sie auch überarbeitet und Beweise für seine überarbeitete Fassung zusammengetragen.

A (*sieht nicht sehr glücklich aus*).

B: Sie brauchen mir nicht zu glauben. Hier, lesen Sie Kepler selbst, sein *Tertius Interveniens* und andere Aufsätze in den *Gesammelten Werken,* lesen Sie den alten Aufsatz von Norbert Herz über Keplers Astrologie …

A: Nun ja, irgendwie kann ich die Sache schon verstehen — schließlich war die damalige Physik nicht sehr weit vorangeschritten.

B: Das war aber nicht Ihr Argument! Sie haben gesagt, daß die Astrologie durch die neue *Astronomie* als Unsinn entlarvt worden ist. Nun haben wir hier einen neuen Astronomen, tatsächlich einen der besten neuen Astronomen, und er schreibt eine Verteidigung der Astrologie. Und er schreibt nicht nur eine Verteidigung, er trägt Beweise zusammen, er überarbeitet das Gebiet …

A: Vielleicht bin ich ein bißchen voreilig gewesen, aber schließlich ist irren menschlich …

A: So war Ihre Einstellung zu Beginn Ihrer Argumentation nicht! Sie haben die Astrologen beschimpft, als seien sie Verbrecher, als sei das Urteil über sie schon lange abgeschlossen und das mit einem zerschmetternden Beweis gegen sie. Jetzt ist auf einmal »irren menschlich« — wie nachsichtig ihr Leute doch mit euren eigenen Irrtümern umgeht!

A: O.k., O.k. — ich gebe zu, ich war voreilig mit meinem Urteil, aber die Astrologie hat schließlich so viele Schwächen, daß die Widerlegung eines Arguments gegen sie die Situation nicht besser macht, selbst wenn Kepler sich einmal dazu entschieden haben sollte, sie zu verteidigen. Das waren doch andere Zeiten, Wissenschaft und Aberglaube waren nicht so deutlich voneinander getrennt wie heute, und die hervorragendsten Wissenschaftler haben manchmal absurde Lehren vertreten. Kepler hat die Astrologie verteidigt — zugegeben. Das macht sie auch nicht besser. Sie ist trotzdem ein übler Aberglaube.

B: Und wieso, wenn ich mir die Frage gestatten darf?

A: Zu behaupten, daß die Sterne unser Leben beeinflussen . . .

B: Ist es nicht so, daß heute die Sonne scheint?

A: Ja, und?

B: Ist es nicht so, daß Sie ein dünnes Hemd und nicht einen Pullover tragen? Und daß Ihre Laune besser ist, als wenn es regnen würde?

A: Jetzt machen Sie sich aber lächerlich. Keiner bestreitet, daß die Sonne das Wetter beeinflußt.

B: Und der Mond?

A: Ganz bestimmt nicht.

B: Und was ist mit den Gezeiten?

A: Das ist etwas anderes.

B: Galileo, der Ihre Ansicht teilt, hat aber bestritten, daß die Gezeiten etwas mit dem Mond zu tun haben — Astrologie, das ist dummes Zeug, deshalb müssen die Gezeiten eine andere Ursache haben. Er hatte unrecht.

A: Weil eine spätere Theorie, die sich bestätigt hat, zeigte, daß er unrecht hatte.

B: Womit gesagt ist, daß wir uns nicht damit zufriedengeben können, einfach zu sagen: »Der Mond hat keinen Einfluß auf das Wetter« — wir müssen die Sache überprüfen.

A: Zugegeben.

B: Und das gleiche gilt für die Berechtigung von Horoskopen.

A: Das ist nicht nötig. Jeder weiß, daß die Kraft der Sterne zu gering ist, um einen solchen Einfluß zu haben.

B: Wissen Sie, was ein Plasma ist?

A: Eine Elektronenwolke?

B: Wissen Sie, daß die Sonne von einem Riesenplasma umgeben ist?

A: Ja, davon habe ich gehört.

B: Daß das auch für die Planeten gilt?

A: Das wußte ich nicht, aber es scheint durchaus glaubwürdig.

B: Diese Wolken durchdringen einander und wirken aufeinander ein ...

A: Ah, magnetische Stürme und sowas?

B: Ja. Die Sonnenaktivität hat auch einen Einfluß auf den Kurzwellenempfang. Die Sonnenaktivität ist wiederum von der relativen Position der Planetenplasmen abhängig, daß heißt sie ist von der relativen Position der Planeten abhängig. So kann man gewisse Eigentümlichkeiten des Kurzwellenempfangs aus der Position der Planeten vorhersagen — es gibt eine Radioastrologie, und sie ist von Forschern der RCA begründet worden.

A: Das hat nicht das geringste mit Astrologie zu tun. Die Astrologie beschäftigt sich mit Einzelheiten im Leben von Menschen.

B: Nicht ausschließlich. Sie beschäftigt sich auch mit Tieren, Wolken, Stürmen, Pflanzen, mit jeglicher Verbindung zwischen Himmel und Erde. Aber das war ja nicht Ihr Argument — Ihr zweites Argument. Ihr zweites Argument war, daß der Einfluß der Planeten zu schwach ist, um erkennbare Wirkungen auf die Erde zu haben.

Und *das* Argument ist durch die Radioastrologie widerlegt.

A: Ich finde diese Antwort nicht ganz fair. Natürlich beeinflussen die Planeten die Sonne, sie beeinflussen sich gegenseitig und auf diese Weise auch bestimmte Vorgänge auf der Erde. Sie beeinflussen sogar die Menschen — schließlich kann man sie sehen, über sie reden, Gedichte über sie schreiben. Das sind aber nicht die Einflüsse, von denen ich hier rede. Was ich meine, sind Einflüsse, die ohne unser direktes Wissen auftreten und die unser Handeln unterschwellig bestimmen. Nehmen wir zum Beispiel an, ich will heiraten. Ich lasse mir das Warum und Wieso und Ob-überhaupt durch den Kopf gehen. Am Ende heirate ich und meine, ich hätte klare Gründe. Nein, sagen da die Astrologen, eine wichtige Ursache haben Sie außer acht gelassen, nämlich das Horoskop für Ihre Geburt, für die Geburt Ihrer Frau, für die Hochzeit und für das Datum Ihrer ersten Begegnung. Und diese Behauptung halte ich für dummen Aberglauben.

B: Was halten Sie von der Krebsforschung?

A: Was meinen Sie damit?

B: Es gibt doch viele Institute, die sich mit der Krebsforschung befassen. Finden Sie, daß die Ideen, die ihrer Forschung zugrunde liegen, »dummer Aberglaube« sind?

A: Natürlich nicht!

B: Und wieso nicht?

A: Da sind Fortschritte gemacht worden.

B: Welche Art von Fortschritten?

A: Neue theoretische Einblicke.

B: Aber was ist mit der Krebsheilung?

A: Es gibt Operationen, es gibt die Bestrahlung, die Chemotherapie . . .

B: Wie hat man vor dreißig Jahren den Krebs behandelt?

A: Operationen, nehme ich an, Entfernung des Krebsgewebes durch chirurgische Eingriffe.

B: Hat man neue Behandlungsmethoden gefunden?

A: Ja, wie gesagt — die Bestrahlung . . .

B: Was ganz einfach auf ein verfeinertes Verfahren der Entfernung von Krebsgewebe hinausläuft. Aber wir entfernen immer noch.

A: Ja.

B: Irgendwelche radikal neue Methoden?

A: Nicht, daß ich wüßte.

B: Die Methoden der Entfernung gab es schon vor der Mikroforschung, und dann ging es los mit all den schönen, modernen Theorien über die Zellstruktur.

A: Ja.

B: Das bedeutet, daß diese Theorien bis jetzt zu keinem Fortschritt in der Behandlung geführt haben.

A: Das sagen Sie.

B: Das sage nicht nur ich, das sagen auch viele verantwortliche Forscher.

A: Wer zum Beispiel?

B: Lesen Sie den Bericht von Daniel Greenberg in Band 4 (1974) der *Science and Government Reports* oder H. Öser, *Krebsbekämpfung: Hoffnung und Realität.* Greenberg sagt es besonders unverblümt. Er sagt, daß die Erklärung der American Cancer Society, Krebs sei heilbar und es seien Erfolge zu verzeichnen, »an den Vietnam-Optimismus vor der Katastrophe erinnert«. Und dennoch unterstützen wir weiterhin die Forschung und betrachten sie als wissenschaftlich.

A: Natürlich.

B: Die theoretischen Behauptungen der Krebsforschung werden nicht als dummer Aberglaube verurteilt.

A: Ganz bestimmt nicht.

B: Und wieso nicht?

A: Weil es Erfolge gegeben hat.

B: Welche Art von Erfolgen?

A: Wir verstehen jetzt viel mehr von dem, was in einer einzelnen Zelle passiert.

B: Verstehen wir aber, wie der Krebs entsteht?

A: Das nicht — aber wir sind auf dem besten Weg. Was hat das alles jetzt mit Astrologie zu tun?

B: Eine ganze Menge! Eben habe ich Ihnen von der Forschung erzählt, die zeigt, wie die Planeten in Beziehung zu dem Kurzwellenempfang auf dieser Erde gebracht werden können.

A: Und ich entgegnete, daß dies die Astrologie nicht einen Deut weniger absurd macht.

B: Sie geben zu, daß sie planetarische Einflüsse auf Erdgeschehnisse nachweist.

A: Ja, aber . . .

B: Die Planeten sind nicht zu schwach, um Erdgeschehnisse zu beeinflussen.

A: Das ist aber nicht die Art von Einfluß, die uns vorschwebt.

B: Gut, dann nehmen wir die Ergebnisse von Michel Gauquelin, der einen Einfluß der Geburtskonstellation auf den Charakter der Geborenen nachgewiesen hat.

A: Das glaube ich nicht!

B: Warum nicht? Soweit man sehen kann, ist die Statistik einwandfrei . . .

A: Da muß irgendwo ein Fehler liegen.

B: Also, bei der Astrologie zählt eine *positive* Erfahrung scheinbar nicht — sie ist trotzdem reiner Schwindel. Bei der Krebsforschung hingegen zählt die *negative* Erfahrung nicht — sie ist trotzdem wissenschaftlich. Zeigt das nicht, daß Sie Ihre Entscheidung ohne

Rücksicht auf die Erfahrung treffen, fast schon in religiöser Weise? Sie nennen die Krebsforschung wissenschaftlich, Sie sind für ihre Fortführung, trotz der weiterhin bestehenden Kluft. Warum nicht dieselbe Höflichkeit gegenüber den Grundannahmen der Astrologie?

A: Weil es im Fall der Astrologie nicht nur eine Kluft zwischen den Forschungsergebnissen ...

B: ... die, wie gesagt, weitaus zahlreicher sind als die von mir bisher angeführten ...

A: Es gibt nicht nur eine Kluft zwischen den Forschungsergebnissen und den Thesen, die zur Debatte stehen, es gibt auch Einwände ...

B: ... wie den Einwand mit den Zwillingen.

A: Wie den Einwand mit den Zwillingen.

B: Und jetzt sagen Sie, daß ein Thema oder eine Theorie, die durch Einwände gefährdet sind, abgeschafft oder als unwissenschaftlich betrachtet werden sollten.

A: Ein Thema, dem *entscheidende* Einwände entgegenstehen.

B: Ein Thema, dem entscheidende Einwände entgegenstehen, sollte abgeschafft werden. Das wäre das Ende der Krebsforschung!

A: Warum?

B: Über dreißig Jahre Forschung und kein entscheidender Fortschritt. Das wäre auch das Ende des klassischen Elektromagnetismus gewesen.

A: Warum?

B: Weil der klassische Elektromagnetismus — das heißt die grundlegende Theorie — davon ausgeht, daß es keinen induzierten Magnetismus gibt. Die klassische Optik ging davon aus, daß man, wenn man ein Bild ansieht, das sich im Brennpunkt einer Linse befindet, ein unendlich tiefes Loch sieht, und dennoch hat man so etwas nie gesehen. Wir haben das Unendliche in der Quanten-Feld-theorie ...

A: ... und wir haben die Renormierung ...

B: ... die von einigen Physikern als ein »grotesker Trick« bezeichnet wird. Wo Sie auch hinsehen, werden Sie auf Theorien stoßen, die voll sind von Problemen — und dennoch werden sie aufrechterhalten, weil die Wissenschaftler von dem frommen Glauben beseelt sind, daß die Probleme eines schönen Tages gelöst werden können. Warum also diesen frommen Glauben als »wissenschaftliche Annahme« bezeichnen, wenn es um die Quanten-Feldtheorie geht, und von »dummem, unverantwortlichem Aberglauben« reden im Fall der Astrologie? Geben wir doch zu, daß in der Forschung oft vage und problematische Ideen eine führende Rolle spielen, die sich nur schwer stützen lassen, und machen wir doch dies Zugeständnis gleichermaßen für alle Bereiche und nicht nur für solche, die von den Wissenschaftlern aus irgendwelchen religiösen Gründen gerade bevorzugt werden!

A: Aber ...

B: Ich bin noch nicht fertig! Sehen Sie, ich hätte nichts dagegen einzuwenden, wenn die Gegner der Astrologie sagen würden: die Astrologie gefällt uns nicht, wir verachten sie, nie werden wir Bücher darüber lesen, und wir werden sie sicher nicht unterstützen. Das ist ganz legitim. Man kann die Menschen nicht zwingen, etwas zu mögen, das sie nicht ausstehen können, man kann sie nicht mal zwingen — und man *sollte sie nicht* zwingen —, sich über die Sache zu informieren. Unsere Wissenschaftler aber, unsere rationalen und objektiven Wissenschaftler, drücken nicht nur ihre Vorlieben und Abneigungen aus, sie tun auch so, als hätten sie Argumente, und sie benutzen ihre beträchtliche Autorität dazu, ihren Abneigungen Gewicht zu verleihen. Aber die Argumente, die sie tatsächlich bringen, zeigen nur ihren erbärmlichen Mangel an Bildung ...

A: O.k., O.k., es tut mir leid, daß ich das Thema überhaupt angeschnitten habe — ich weiß ja so gut wie nichts darüber ...

B: ... zu Beginn unserer kleinen Unterhaltung haben Sie aber ganz so getan, als ob Sie eine Menge darüber wüßten. Und so ist das auch mit all den Wissenschaftlern, die Aussagen über Dinge machen, von denen sie keine Ahnung haben.

A: Ich bezweifle, daß es viele derartigen Wissenschaftler gibt.

B: Da muß ich Sie leider enttäuschen. Sehen Sie sich mal dieses Blatt an. Es ist die Oktober/November-Nummer (1975) der amerikanischen Zeitschrift *The Humanist* (merkwürdiger Name für etwas, das sich als ein höchst chauvinistisches Blättchen entpuppt). Sie bringt eine Artikelserie, in der die Astrologie kritisiert wird. Die Artikel sind schlecht geschrieben und voller Fehler. Einer der Autoren sagt: »Der Astrologie ist ein schwerer Schlag versetzt worden, da sie ein geozentrisches System ist.« Dies war Ihr erstes Argument. Unsachgemäß, wie wir gesehen haben. Ein anderer Autor schreibt, daß die Astrologie aus der Magie entstanden ist. Aber auch die moderne Wissenschaft »ist aus der Magie entstanden«, wenn man sich auf so allgemeine Art ausdrücken will. Sie werden vielleicht sagen, daß es immer Wissenschaftler gibt, die die Grenzen ihrer Kompetenz überschreiten und sich lächerlich machen. Aber sehen Sie sich jetzt einmal den Schluß des allgemeinen Teils an, der den detaillierteren Argumenten vorausgeht. Da stehen 186 Unterschriften von Wissenschaftlern. 186 Unterschriften! Ganz offensichtlich lag den gelehrten Herren weniger daran, durch Argumente zu überzeugen, als daran, die Leute einzuschüchtern. Denn wenn man so gute Argumente hat, was sollen dann diese vielen Unterschriften? Was wir hier vor uns haben, ist nichts Geringeres als eine wissenschaftliche Enzyklika: die Päpste haben gesprochen, die Sache ist entschieden. Jetzt sehen Sie sich die Namen an! Da sind nicht etwa nur ein paar hinterwäldlerische Wissenschaftler — die großen Stars des wissenschaftlichen Establishments zeigen mit dem Finger auf die Astrologen und beschimpfen sie. John Eccles, der »Poppersche Ritter«, Nobelpreisträger; Konrad Lorenz, der Verhaltensforscher (und ein Herr, den ich sehr bewundere), Nobelpreisträger; Crick, der Mitentdecker der DNS, auch ein Nobel-Crack — und so weiter und so fort. Da ist Samuelson, der Wirtschaftswissenschaftler, Pauling mit zwei Nobelpreisen und seiner umstrittenen Behauptung von der Wirksamkeit großer Dosen Vitamin C gegen Erkältungen und sogar gegen Krebs — jeder, der in der Wissenschaft etwas darstellt, gibt seinen Namen dafür her, ein Dokument zu unterstützen, das ein Pfuhl von Ignoranz und Bildungslosigkeit ist. Ein paar Monate nach Erscheinen des Dokuments wollte ein BBC-Interviewer eine Diskussion zwischen einigen der Nobelpreisträger und Befürwortern der Astrologie arrangieren, aber die Nobelpreisträger haben alle abgelehnt — einige mit der Bemerkung, daß sie von der Astrologie im einzelnen keine Ahnung hätten: die gelehrten Herren wußten nicht, wovon sie redeten. Solche Bildungsbanausen sind es, die entscheiden, was in unseren Schulen gelehrt werden soll und was nicht; solche Bildungsbanausen erklären von oben herab, daß alte Traditionen, mit denen sie sich nicht beschäftigt haben und die sie nicht verstehen, ausgerottet werden müssen, egal, wie wichtig sie denen sind, die danach leben wollen; solche Bildungsbanausen mischen sich in unser Leben ein, bei der Geburt, wenn Mütter in die Krankenhäuser verfrachtet werden, damit ihre Babys gleich die glorreiche Anonymität der technisierten Gesellschaft kennenlernen, in der sie leben werden; in der frühen Jugend, wenn die Begabungen sorgfältig ermittelt und Lebensläufe sorgfältig geplant werden, um ein Maximum an wissenschaftlicher Religion in die Köpfe der Jugendlichen hineinzustopfen, und so geht es weiter, bis sich schließlich eine »Sterbewissenschaft« um die müden, abgenutzten und durch Umweltgifte geschädigten Körper kümmert . . .

A: Sterbewissenschaft?

B: Ja, ein reguläres Studienfach an vielen Universitäten. Solche Bildungsbanausen bestimmen auch, wo und wie wir die Kernkraft anwenden, wie unsere Kinder leben werden, was gute Medizin ist und was nicht, sie verschwenden Millionen von Steuergeldern in lächerlichen Projekten und entrüsten sich, wenn eine bessere Kontrolle dieser Gelder vorgeschlagen wird, diese Bildungsbanausen . . .

A: Du lieber Himmel – hören Sie auf! Das ist doch wirklich absurd! Vielleicht haben Sie ja recht mit der Astrologie – obgleich ich mich in der Sache noch nicht ganz geschlagen gebe . . .

B: . . . dann lassen Sie uns doch weiterdiskutieren.

A: Nein, nein, nein – keine Astrologie mehr. Ich gebe auf. Ich will nichts gesagt haben.

B: Angenommen.

A: Aber diese anderen Themen, die Sie angeschnitten haben, liegen nicht außerhalb der Kompetenz von Wissenschaftlern, sie sind ganz zentrale Punkte ihrer Kompetenz — Kernreaktoren zum Beispiel oder die Medizin, das sind ganz zentrale Punkte der Kompetenz von Physikern, Medizinern oder Biologen. Was Sie machen, das läuft darauf hinaus, auf Unzulänglichkeit in der Sachkenntnis dieser Leute aus einer angeblichen Inkompetenz außerhalb ihrer Sachkenntnis zu schließen — eine lächerliche Schlußfolgerung!

B: O.k. — wir brauchen noch ein paar weitere Beispiele!

A: Das führt doch zu gar nichts!

B: Wenn für Sie »zu etwas führen« soviel heißt wie zeigen, daß der Wissenschaft die Krone gebührt, dann bin ich natürlich Ihrer Meinung.

A: Also, was haben Sie da für ein Beispiel?

B: Es ist ein Beispiel aus der Archäologie. Vor einiger Zeit entdeckten Thom, Hawkins, Marshack, Seidenberg und andere, daß der Steinzeitmensch eine ziemlich hochentwickelte Astronomie hatte, und daß Megalithenbauwerke wie zum Beispiel Stonehenge Sternwarten und Rechenanlagen zur Vorhersage wichtiger astronomischer Ereignisse waren . . .

A: Wie zum Beispiel?

B: Wie zum Beispiel Mondfinsternisse. Diese Entdeckungen wurden von ein paar Männern gemacht und von der übrigen Fachwelt verworfen.

A: Zweifellos hatten sie ihre Gründe.

B: Ja, sie hatten Gründe, aber hören Sie sich mal an, was für Gründe das waren. Ich habe hier das *Journal for the History of Astronomy* und einen Artikel von Professor Atkinson, dem Spitzenexperten für Stonehenge und ähnliche Bauwerke. Lesen Sie, was der gelehrte Herr sagt.

A (*liest*): »Hier neige ich leider zu einem gemäßigten Pessimismus, sei es auch nur, weil so viele von uns wie ich selbst eine geisteswissenschaftliche Ausbildung haben und daher nicht über die nötigen naturwissenschaftlich-mathematischen Kenntnisse verfügen . . .«

B: Halt! Atkinson ist »pessimistisch« in bezug auf die Ergebnisse, zu denen jene kommen, die die Existenz einer hochentwickelten Steinzeitastronomie behaupten, weil seine Ausbildung mangelhaft ist. Er weiß nicht genug — und versucht dennoch, mit Hilfe seiner Unwissenheit ein zweifelhaftes Licht auf ungewöhnliche Forschungsverfahren zu werfen. Das ist ein Punkt, auf den ich aufmerksam machen wollte. Der zweite Punkt ist noch wichtiger. Atkinson fehlen »die nötigen naturwissenschaftlich-mathematischen Kenntnisse«. Die Erbauer der Megalithenanlagen, die er sein Leben lang studiert hat, hatten die »naturwissenschaftlich-mathematischen Kenntnisse«, die ihm »fehlen«. Sie waren besser informiert als er, und dennoch haben er und seine Wissenschaftskollegen während eines erheblichen Zeitabschnitts ihre eigene Unwissenheit und die Hohlräume, die so in ihrem Denken entstanden sind, dazu benutzt, dem »Steinzeitgeist« schlechte Noten zu erteilen. Viele Anthropologen projizierten, da sie unwissend auf den Gebieten waren, die von »primitiven« Stämmen erforscht sind, ihre eigene Unwissenheit auf sie und schlossen dann auf eine »primitive Mentalität«, die »Aberglauben« anstelle von »wissenschaftlichen Ergebnissen« produziert. Ähnlich verhalten sich viele moderne Mediziner, die nichts über die *Nei-Ching*-Medizin wissen, die Akupunktur verspotten und versuchen, sie auf gesetzlichem Weg verbieten zu lassen. Sie benutzen das Gesetz, um mögliche und faire Tests zu unterbinden. Lesen Sie jetzt weiter.

A: »Es ist für Nichtarchäologen wichtig zu wissen, wie verwirrend die Auswirkungen von Thoms Arbeit für die Archäologen sind . . .« Wer ist Thom?

B: Einer der Forscher, die eine ziemlich komplexe Geometrie, Meteorologie und Astronomie der Megalithen entdeckt haben, worin sogar die Kenntnis der Nutation von der Mondbahn enthalten ist.

A: Was ist »Nutation«?

B: Die Umlaufbahn des Mondes hat eine Neigung von etwa fünf Grad zur Ekliptik. Die Schnittpunkte von Mondbahn und Ekliptik, die sogenannten Knoten, wandern im Verlauf von ungefähr 186 Jahren um die Ekliptik. In diesem Zeitraum verändert sich der Winkel zwischen Ekliptik und Mondbahn periodisch, und eine dieser Veränderungen heißt Nutation. Sie hat eine Amplitude von etwa 9 Bogenminuten, und sie war den Steinzeitastronomen bekannt. Lesen Sie weiter.

A (versteht die Erklärung nicht ganz): ». . . von Thoms Arbeit für die Archäologen sind, weil sie nicht in das Begriffsmodell von der europäischen Urzeit passen, das während unseres ganzen Jahrhunderts geläufig gewesen ist . . .«

B: Deutlicher kann man es wohl kaum sagen. Atkinson ist »verwirrt«, weil eine Theorie, für deren Verständnis er nicht ausgerüstet ist, ihm nicht paßt — aber warten Sie, jetzt kommt eine noch interessantere Passage!

A: »Es ist daher kaum verwunderlich, daß viele Prähistoriker die Auswirkungen von Thoms Arbeit entweder ignorieren, weil sie sie nicht verstehen, oder sich dagegen sträuben, weil das bequemer ist . . .«

B: Da haben Sie es nun schwarz auf weiß: neue Ideen werden verworfen, »weil das bequemer ist« — und das mitten im Kompetenzbereich der gelehrten Herren. Kann man danach je wieder einem Mediziner trauen, der sagt, daß eine entstellende und schwächende Operation der beste Weg ist, um einer Krankheit Abhilfe zu schaffen? Kann man danach je wieder einem Atomwissenschaftler trauen, der sich für die Sicherheit eines geplanten Reaktors verbürgt? Kann man danach . . .

A: Ich denke, Sie übertreiben. Atkinson ist ein Einzelfall . . .

B: Er macht uns aber deutlich, wie das »wissenschaftliche Denken« funktioniert und auf welche Hindernisse es stößt. Nehmen Sie einmal die Wissenschaftler in einem bestimmten Forschungsbereich. Sie gehen von Grundannahmen aus, die sie so gut wie nie in Frage stellen, sie haben eine Art, Beweise zu beurteilen, die sie für das einzige natürliche Verfahren halten, und Forschung besteht in der *Anwendung* von Grundannahmen und Methoden, nicht in ihrer *Überprüfung.* Es trifft zu, daß die Annahmen einst eingeführt wurden, um Probleme zu lösen oder um Schwierigkeiten zu beseitigen, und daß man sie zu jener Zeit in der richtigen Perspektive zu sehen verstand. Aber diese Zeiten sind längst vorbei. Heute ist man sich nicht einmal der vorausgesetzten Annahmen bewußt, man definiert die Forschung nach ihren Bedingungen und betrachtet eine Forschung, die auf andere Weise vorgeht, als unsachgemäß, unwissenschaftlich und absurd. Sie sagen, daß die Wissenschaftler sich oft lächerlich machen, wenn sie außerhalb ihres Kompetenzbereichs dozieren, daß man aber auf sie hören muß, wenn sie über Dinge reden, die sie eingehend studiert haben. Annahmen von der Art, wie ich sie eben beschrieben habe, haben sie aber nie studiert, und dennoch könnte ihre Forschung ohne sie gar nicht beginnen. Das bedeutet, daß *jeder Teil der Wissenschaft an ihrer Peripherie liegt, und daß Sachkenntnis nie ein Argument ist.*

A: Können Sie mir ein Beispiel für die Annahmen geben, an die Sie dabei denken?

B: Es gibt Ideen über Methodologie, die Idee zum Beispiel, daß man mit einer experimentellen Untersuchung beginnen muß, daß man sich nicht von theoretischen Ideen beeinflussen lassen darf, daß man seine Theorien auf Beobachtungen gründen muß. Viele statistische Verfahren in den Sozialwissenschaften sind von dieser Art. Die Archäologie war lange Zeit hindurch ein Klassifizieren von Gerätschaften ohne Annahmen über das Denken derer, die diese Geräte hergestellt haben. Eine »Kultur« war nicht eine auf menschlichen Geist gegründete Organisation mit dem Ziel, bestimmte Probleme zu lösen, sie war eine Sammlung von Steinwerkzeugen. Dann gibt es die Annahme, daß die Nichtwiederholbarkeit von Versuchen nicht auf außerirdische Einflüsse zurückgeführt werden kann. Michael Polanyi hat eine Vielzahl chemischer Reaktionen beschrieben, mit genau definierten Ergebnissen, die Ergebnisse wurden in anderen Labors wiederholt, es wurden Fotografien gemacht, wissenschaftliche Abhandlungen geschrieben, aber eines schönen Tages war der Effekt verschwunden und wurde nie wieder beobachtet. Viele Chemiker haben das als Kuriosität betrachtet — sie hätten aber nie nach außerirdischen Ursachen gesucht. Das wäre in ihren Augen reiner Aberglaube gewesen.

A: Vielleicht hatten sie Gründe für ihre Ansicht.

B: Genauso ausgezeichnete Gründe wie die Gründe gegen die Astrologie, von denen ich eben gesprochen habe — unsachgemäße und lächerliche Gründe. Dann gibt es die Überzeugung, daß die wissenschaftliche Forschung, nicht die klinische Erfahrung, zu besseren Heilmethoden führt. Eng verbunden mit dieser Überzeugung ist die Idee, daß jede Krankheit eine unmittelbare Ursache hat, die hochtheoretisch ist und die gefunden werden muß. Die Diagnose soll diese unmittelbare Ursache finden — deshalb haben wir die Röntgendiagnose, die Explorationschirurgie, die Biopsie und ähnliche Verfahren.

A: Wie soll man denn sonst herausfinden, was los ist?

B: Zum Beispiel durch Untersuchungen von Puls, Urin, Hautstruktur ...

A: Auf diese Art findet man doch nie die besondere Störung, die die Krankheit verursacht.

B: Wer sagt denn, daß eine Krankheit durch ein lokalisierbares Geschehnis verursacht wird? Krankheit kann eine strukturelle Modifikation des Lebensprozesses sein, die keine lokalisierbare Ursache hat, obwohl viele lokalisierbare Veränderungen damit verbunden sind, und die beste Diagnose könnte die sein, die aus der Beachtung der gesamten Körperveränderungen hervorgeht, wie zum Beispiel Gewicht, Puls, Muskeltonus und so weiter.

A: Darüber sind wir doch schon hinaus. Die Mikrobiologie ...

B: Die Mikrobiologie befaßt sich mit lokalisierbaren Geschehnissen und läßt genau die Prozesse, von denen ich rede, außer acht.

A: Der menschliche Körper und der Lernprozeß setzen sich aber aus mikrobiologischen Prozessen zusammen.

B: Das ist eine Hypothese, die in einem bestimmten Bereich sehr erfolgreich gewesen ist — aber wer sagt, daß sie auch außerhalb dieses Bereichs weiterhin erfolgreich sein wird? Außerdem sind die Ergebnisse aus der Molekularbiologie Ergebnisse, zu denen man auf dem Weg des geringsten Widerstands kommt. Komplexe Probleme werden einfach beiseite geschoben.

A: Wir müssen doch etwas herausfinden!

B: Auf Kosten der Patienten?

A: Wie meinen Sie das?

B: Nun, offensichtlich hängt die Effizienz Ihrer Medizin von der Angemessenheit Ihrer Annahmen ab. Der Versuch, unangemessene Annahmen bis an die Grenze zu treiben, kann den Patienten ernsthaft schaden. Darüber hinaus ist es sehr zweifelhaft, ob wir die Grenze auf diese Weise finden.

A: Warum nicht?

B: Nun, ein Arzt stellt eine Diagnose, verschreibt dann eine Behandlung, vielleicht eine größere Operation, er führt die Behandlung durch und erhält Resultate. Angenommen, das Resultat ist ein entstellter Körper, der noch fünf Jahre lang herumhinkt und dann stirbt. Wer könnte dem Arzt sagen, daß er versagt hat?

A: Untersuchungen mit Kontrollgruppen.

B: Und wo wollen Sie diese Kontrollgruppen herbekommen, wenn Sie in Betracht ziehen, daß die Mediziner das Verstümmeln für ihre Pflicht halten und die Patienten das Verstümmelt-Werden für ihr gutes Recht? Nehmen Sie den Fall der Syphilis. Lange Zeit hindurch hielt man sie für eine äußerst gefährliche Krankheit. Bevor es die modernen Antibiotika gab, wurde sie oft auf eine Weise behandelt, die den Organismus schwer schädigte. Man hat jedoch erst vor ganz kurzer Zeit herausgefunden, daß 85 Prozent der unbehandelten Patienten eine normale Lebensdauer haben, und daß mehr als 70 Prozent ohne sichtbare Krankheitszeichen sterben. Viele Männer haben eine Krebswucherung in der Prostata. Die Wucherung bleibt auf ein kleines Volumen beschränkt und ist unschädlich. Die Ärzte, besonders in Deutschland, empfehlen regelmäßig Gewebeuntersuchungen — »nur um sicher zu gehen«. Eine Gewebeentnahme löst oft einen Teil der Wucherung ab, es entstehen Metastasen in anderen Körperteilen, und gefährlichere Formen von Krebs breiten sich aus. Dasselbe gilt für viele Entfernungen von Tumoren und besonders für die sogenannte Halstead-Methode im Fall von Brustkrebs. Sie sind unnötig. Sie setzten gefährliche und oft unkontrollierbare Prozesse in Gang. Und das alles aufgrund von Annahmen, die die Ärzteschaft für selbstverständlich hält, ohne die Notwendigkeit einer genaueren Überprüfung auch nur zu sehen.

A: Was ist also die Lösung?

B: Die Lösung ist ganz einfach — laßt die Leute machen, was sie wollen.

A: Wie meinen Sie das?

B: Es gibt viele Formen der Medizin auf dieser Welt.

A: Sie meinen — Medizinmänner und sowas?

B: Nun, so einfach ist die Sache nicht. Es gibt viele Formen der Medizin, die den Wissenschaftlern nicht bekannt sind, die aber auf methodische Weise vorgehen, denen eine Art von Philosophie zugrunde liegt, und die es schon seit einiger Zeit gibt.

A: Beispiele?

B: Beispiele sind die Hopi-Medizin, die Akupunktur, die verschiedenen Formen von Pflanzenheilkunde, die sowohl in Europa als auch in den Vereinigten Staaten existieren, das Gesundbeten ...

A: Gesundbeten? Das meinen Sie doch nicht ernst.

B: Was wissen Sie darüber?

A: Nun ja, nicht viel ...

B: Und trotzdem schreien Sie Zeter und Mordio. Hören Sie zu. Es gibt strukturelle Krankheiten, von der westlichen Medizin als Kreislaufbeschwerden bezeichnet, die eine Verschiebung der Akupunkturmeridiane zur Folge haben. Die Lage der Meridiane kann man elektrisch feststellen — der Hauptwiderstand ist entlang den Meridianen geringer. Man hat nun entdeckt, daß die Meridiane des Gesundbeters während des Heilvorgangs in genau derselben Art verzerrt werden wie bei dem Patienten —

der Gesundbeter übernimmt sozusagen die Krankheit, sein Körper ist aber stark genug, um sie zu überwinden, und am Ende sind er und der Patient beide geheilt. Dann gibt es die Homöopathie, die Behandlung mit Wasser und viele Formen der Medizin. Sie alle haben eins gemeinsam: ihre Diagnosemethoden greifen nicht in den Organismus ein, und ihre Therapie ist nie so drastisch wie die von westlichen Ärzten vorgeschlagene Therapie. Deshalb ist es ratsam, jene zuerst zu probieren.

A: Wollen Sie allen Ernstes damit sagen, daß ein Arzt seinen Patienten zu einem Medizinmann schicken soll . . .

B: Sehen Sie, lieber A, Ihr Vokabular zeigt nur, wie wenig Sie über die Geschichte der Medizin und die verschiedenen existierenden Schulen der Medizin wissen. Sie wissen so gut wie nichts über die Medizin, Sie wissen wenig über die Wissenschaften, aber Sie finden, daß die wissenschaftliche Medizin die richtige Medizin ist, und verdammen den Rest. Sie wissen auch nichts über diesen Rest, aber sie sagen, er taugt nichts, steckt voller Aberglauben, ist schädlich, und deshalb geben Sie ihm den abfälligsten Namen, der Ihnen einfällt: Sie reden von »Medizinmännern«; es tut mir leid, aber das zeigt nur Ihre Unwissenheit. Die Situation ist aber noch viel schlimmer. Bis jetzt habe ich nur von dem gesprochen, was mit den Leuten in westlichen Gesellschaften geschieht — in England, in den USA, in Frankreich und so weiter. Doch dieselbe ignorante Aggressivität hat versucht, ganze Kulturen zu reformieren und sie ihren Vorstellungen von einem zivilisierten Leben anzupassen. Seit Menschen entdeckt wurden, die nicht zum westlichen Kultur- und Zivilisationskreis gehörten, hielt man es fast für eine moralische Pflicht, ihnen die Wahrheit zu bringen — und damit meinte man die herrschende Ideologie der Eroberer. Zunächst war es das Christentum, dann kamen die Schätze der Wissenschaft und Technik. Die Menschen, deren Leben auf diese Weise gestört wurde, hatten nun schon Wege gefunden, nicht nur zu überleben, sondern ihrer Existenz einen Sinn zu geben. Und diese Wege waren im großen und ganzen besser und mehr an ihr Leben angepaßt als die Wunder der Technik, die ihnen aufgezwungen wurden und die soviel Leiden erzeugt haben. »Entwicklung« im westlichen Sinn hat vielleicht hier und da Gutes getan, zum Beispiel bei der Eindämmung von Parasiten und Infektionskrankheiten – die blinde Annahme aber, daß westliche Ideen und die westliche Technik an sich gut sind und deshalb ohne Berücksichtigung der örtlichen Gegebenheiten eingesetzt werden können, diese Annahme war eine Katastrophe. Das ist übrigens der Grund, warum ich immer wieder auf die Astrologie zu sprechen komme. Ich habe schon gesagt, mir liegt die Astrologie nicht besonders am Herzen, und viel von dem, was auf diesem Gebiet geschrieben wird, langweilt mich entsetzlich. Aber die Astrologie ist ein ausgezeichnetes Beispiel für die Art und Weise, in der Wissenschaftler mit Phänomenen außerhalb ihres Kompetenzbereichs umgehen. Sie untersuchen sie nicht, sie schimpfen einfach, wobei sie so nebenbei zu verstehen geben, daß ihrer Schimpferei starke und klare Argumente zugrunde liegen. Nun zurück zum Fall der Medizin: die Patienten im Westen müssen heute sehr oft zwischen verschiedenen medizinischen *Meinungen* wählen. Sie werden sogar aufgefordert, mehr als einen Arzt zu konsultieren. Warum sollten sie also ihre Wahlmöglichkeiten nicht erweitern und zwischen medizinischen *Systemen* wählen? *Sie* müssen ja die Folgen tragen, es gibt keine Garantie dafür, daß die wissenschaftliche Medizin die richtige Antwort hat, es gibt aber viele Gründe, eine vorgeschlagene Behandlung zu fürchten und ganz besonders dann, wenn sie schwere Eingriffe macht. Im übrigen sind alternative medizinische Systeme oft wichtige Teile ganzer Traditionen, sie sind mit religiösen Überzeugungen verbunden und geben dem Leben derer, die der Tradition angehören, einen Sinn. Eine freie Gesellschaft ist eine Gesellschaft, in der alle Traditionen gleichberechtigt sein sollten, *egal, was die anderen Traditionen von ihnen halten.* Der Respekt vor den Meinungen anderer, die Wahl des kleineren Übels, die Chance, Fortschritte zu machen — all diese Dinge sprechen also dafür, alle medizinischen Systeme ans Tageslicht zu bringen und einen freien Wettstreit mit den Wissenschaften zu beginnen. Und damit haben Sie die Antwort auf die Frage, von der wir ausgegangen sind: Wer soll bestimmen, was es heißt, gesund zu sein, und was es heißt, krank zu sein? Sie haben gesagt: Mediziner, wissenschaftliche Mediziner. Ich würde sagen, daß Gesundheit und Krankheit *von der Tradition, der der Gesunde oder Kranke angehört,* bestimmt werden müssen, und innerhalb dieser Tradition wiederum von dem besonderen Lebensideal, das der Einzelne sich gesetzt hat. Diese besonderen Lebensformen können nur dann wissenschaftlich untersucht werden, wenn sie vorher »erlernt« worden sind, und sie müssen erlernt werden, wie man eine Sprache lernt, durch Teilnahme an den Tätigkeiten, aus denen sie bestehen. Hier kommen die Vorzüge des alten Hausarztes, der seine Patienten, ihre Eigenheiten und ihre Überzeugungen kannte, ganz klar zum Vorschein: Er wußte, was sie brauchen, und er hatte gelernt, sie damit zu versorgen. Im Vergleich dazu sind moderne »wissenschaftliche« Ärzte wie faschistische Diktatoren, die den Patienten ihre eigenen Ideen von Krankheit und Gesundheit unter dem Deckmantel einer Therapie aufzwingen, die in den meisten Fällen nur ein nutzloses Unterfangen ist. Sie sehen also, warum es nötig ist, aus allen diesen Gründen das Lehren oder Vorbringen neuer Ansichten mit Schutzmaßnahmen zu verbinden. Ein guter Lehrer bringt seine Schüler nicht einfach dazu, eine Lebensform zu *akzeptieren,* er gibt ihnen auch die Mittel an die Hand, *sie in der richtigen Perspektive zu sehen* und sie vielleicht sogar *abzulehnen.* Er wird versuchen zu *beeinflussen* und zu *schützen.* Er wird nicht nur Propaganda für seine Ansichten machen, er wird einen Bestandteil hinzufügen, der sie entgiftet, sie weniger tödlich macht und der die Menschen davor schützt, von ihnen überwältigt zu werden.

A: Das ist eine völlig absurde Theorie — ein psychologisches Unding! Sie wollen neue Ideen einführen. Sie sprechen in einer feindseligen Umgebung. Also müssen Sie Ihre Sache so hieb- und stichfest wie möglich machen. Und da wollen Sie dem Gegner noch Munition liefern, zusätzlich zu der, die er sowieso schon hat ...

B: ... und die natürlich ebenfalls entschärft werden muß! Ich gebe zu: was ich zu erreichen versuche, ist vielleicht utopisch. Sehen Sie — ich möchte nicht einfach nur eine Sorte von Verrückten durch eine andere Sorte von Verrückten ersetzen — Juden durch Christen, Dogmatiker durch Skeptiker, Wissenschaftler durch Buddhisten, Rationalisten durch die Propheten eines New Age — ich will Schluß machen mit allen Wahnideen und mit den menschlichen Neigungen, die Wahnideen unterstützen und ihren Propheten den Erfolg leicht machen.

A: Was für Neigungen meinen Sie?

B: Ich begegne ihnen ständig auf meinen Reisen und bei meinen Vorlesungen. Ich sage den Leuten, daß bestimmte Arten, die Gesellschaft zu regeln, unklug sind, und daß die Argumente für solche Regelungen ihr Ziel nicht erreichen ...

A: Sie wollen sie eben auf Ihre eigene Weise verwirren.

B: Nein. Ich analysiere die Ansichten, die sie vertreten, dabei benutze ich Argumente, die sie verstehen, und ich zeige, daß die Ansichten nach ihren eigenen Maßstäben nicht stichhaltig sind. Und die Frage, die ich dann immer zu hören bekomme, ist: »Was sollen wir jetzt tun?«

A: Eine legitime Frage.

B: Für erwachsene Menschen?

A: Sprechen Sie denn nicht von Studenten?

B: Das tut doch nichts zur Sache. Wenn jemand mit achtzehn Jahren oder mehr fragt »Was soll ich tun?«, sobald er in einem Dilemma steckt, wenn er von einem Vortragenden eine Antwort erwartet und sich aufregt, wenn die Antwort lautet: »Warum findest du es nicht selbst heraus?«, dann zeigt das, in welchem Ausmaß unser Erziehungssystem Menschen in Schafe verwandelt und Lehrer, Professoren, Intellektuelle aller Art in Schäferhunde.

A: Aber irgendwann werden die Schafe erwachsen ...

B: ... und werden zu Schäferhunden, die jeden anbellen, der den Glauben nicht akzeptiert, der ihnen im Schafszustand vermittelt worden ist — und das nennen Sie Erziehung?

A: Wie sollen die Menschen denn etwas lernen?

B: Indem sie sich informieren.

A: Dann muß sie aber jemand unterweisen ...

B: ... ohne aus ihnen lebende Kopien von den Wahnideen des Lehrers zu machen.

A: Aber es gibt doch viele gute und tolerante Lehrer; Lehrer, die keine Ideen aufzwingen, die bescheiden sind ...

B: Die bescheidenen sind die schlimmsten.

A: Also, wenn Sie bescheidene Lehrer nicht mögen — was wollen Sie *dann*?

B: Wissen Sie, daß man einst meinte, Ideen müßten den Menschen eingebleut werden?

A: Ja. Davon habe ich gehört — aber die Zeiten sind längst vorbei.

B: Jetzt haben wir andere Methoden.

A: Wir versuchen, das Interesse der Studenten zu wecken, wir versuchen, die Unterrichtsweise ihrer natürlichen Entwicklung anzupassen, ihrer Neugier . . .

B: . . . und diese modernen Lehrer sind natürlich sehr bescheiden.

A: Das sind sie. Kritisch und bescheiden.

B: Was unterrichten diese bescheidenen Lehrer?

A: Nun ja, Physik, Biologie und dergleichen.

B: Und in der Medizin?

A: Anatomie, Physiologie . . .

B: . . . Akupunktur?

A: Bestimmt nicht.

B: Astrologie?

A: Wir reden von Wissenschaft.

B: Also läuft das, was Ihre netten, bescheidenen Lehrer tun, darauf hinaus, Studenten auf wirksame, weil unterschwellige Weise bei der Stange zu halten. Aber der Inhalt bleibt derselbe und wird auf dieselbe einseitige Weise gesehen. Das gilt nicht nur für den naturwissenschaftlichen Unterricht, sondern für jeden beliebigen Unterricht, den Unterricht in der Moral und in den »demokratischen Tugenden« eingeschlossen.

A: Sie wollen damit sagen, daß Sie auch gegen die Unterweisung in den grundlegenden staatsbürgerlichen Tugenden sind?

B: Ja, das bin ich — wenn die Unterweisung in der beschriebenen Art und Weise abläuft.

A: Sie sind gegen das Lehren einer humanitären Einstellung?

B: Wenn die humanitäre Gesinnung nicht in die richtige Perspektive gerückt wird, wenn die Menschen nicht vor ihr geschützt werden, während man sie lehrt.

A: Ja, wie stellen Sie sich denn ein Zusammenleben der Menschen vor, wenn sie nicht gewisse grundlegende Verbindlichkeiten eingehen?

B: Wie bringen es die Menschen zustande, auf der Straße nicht ineinander zu rennen?

A: Verkehrsregeln.

B: Wie den Rechtsverkehr.

A: Ja.

B: Sind diese Regeln für diese Menschen eine Verbindlichkeit?

A: Nun ja, sie müssen sie einhalten . . .

B: Ich wollte damit sagen: Denken die Menschen, daß der Rechtsverkehr die einzig richtige Art ist, daß er eine wesentlich menschliche Tätigkeit ist, während der Linksverkehr ungehörig, irrational, böse, ungerecht und gottlos ist?

A: Natürlich nicht — und jetzt werden Sie sagen, daß Ideen wie die Ehrlichkeit, die Anständigkeit, die Wahrheit auf genau dieselbe Weise gesehen werden sollten wie die Übereinkünfte, die man zur Verhütung von Verkehrsunfällen trifft?

B: Nicht ganz. Ich will nicht nur ihre jetzige Funktion erklären, ich will auch, daß die Leute etwas über ihre Leistungen in der Vergangenheit wissen, ich will, daß sie etwas über die Dinge wissen, die mit ihrer Hilfe erreicht wurden, und über die Dinge, die verloren gingen, als diese

Vorstellungen eingeführt und verstärkt wurden. Man muß sowohl ihre Vorteile als auch ihre Nachteile kennen. Ich habe nichts dagegen, wenn Einzelne oder besondere Gruppen sich entscheiden, auf Grund dieser Ideen zu leben, wenn sie sich zum Beispiel entscheiden, die Wahrheit zu ihrem Ziel zu machen, und zum Teufel mit dem Rest. Das ist ihr gutes Recht. Aber ich habe etwas dagegen, wenn man lokale Wahnideen zur Grundlage für die Gesellschaft als Ganzes erklärt.

A: Sie haben etwas gegen die humanitäre Gesinnung?

B: Ich habe etwas dagegen, die humanitäre Gesinnung zum Teil der Ideologie einer Gesellschaft wie der Vereinigten Staaten zu machen, in der es Menschen aus vielen verschiedenen Traditionen gibt. Und ich bin noch mehr gegen den Versuch, sie Stämmen oder Nationen aufzuzwingen, die anders leben. Lassen Sie die Leute ruhig davon hören, lassen sie Prediger der humanitären Gesinnung versuchen, die Menschen davon zu überzeugen, daß dies der einzig beachtenswerte Glaube ist ...

A: Was gibt es denn sonst?

B: Gottesfurcht zum Beispiel oder die Harmonie mit der Natur, das heißt mit allem Lebendigen, nicht nur mit den Menschen. Ein westlicher Demokrat und Menschenfreund ist durchaus bereit, Tiere zu mißhandeln, um Mittel für seine Heilung und die Heilung anderer zu finden, während jemand, der den ganzen Bereich der Natur respektiert, dem Menschen das Recht abspricht, andere Arten seinen Launen zu unterwerfen, auch wenn das einen großen Nachteil für ihn bedeutet.

A: Aber wenn Sie den Menschen keine Tugenden beibringen, wie sollen sie dann zusammenleben, ohne sich gegenseitig umzubringen?

B: Erstens bringen sie einander noch immer um — eben im Namen der Tugend, der Gerechtigkeit und so weiter. Zweitens habe ich nicht gesagt, daß Tugenden nicht gelehrt werden sollen, ich habe gesagt, sie sollten wie Verkehrsregeln gelehrt werden ...

A: Das heißt, Sie wollen, daß die Menschen so handeln, als ob sie tugendhaft wären, ohne tugendhaft zu sein.

B: Das ist alles, was für das reibungslose Funktionieren einer Gesellschaft, sogar einer Weltregierung, erforderlich ist.

A: Sie wollen ihnen beispielsweise nicht den Respekt vor dem menschlichen Leben beibringen, Sie wollen nichts weiter, als daß sie keine Menschen umbringen.

B: Das könnte ein Beispiel sein.

A: Sie wollen eine Gesellschaft, die aus Lügnern und Schauspielern besteht.

B: Wenn die Leute in Bereichen lügen wollen, die nicht unter das Gesetz fallen, wenn sie zum Beispiel nicht gerade Zeuge vor Gericht sind, dann ist das ihre Privatangelegenheit. Außerdem führt das, was ich empfehle, nicht automatisch zum Lügen. Wenn das Gesetz das Töten verbietet — und das wäre, wie gesagt, eine Verkehrsregel —, dann ist es nur erforderlich, daß das Gesetz befolgt wird, *egal aus welchen Gründen*. Manche Menschen lügen vielleicht in bezug auf ihre Motive, andere sagen offen, daß sie jeden umbringen könnten, der ihnen über den Weg läuft, nur haben sie noch nicht die rechte Methode gefunden, wieder andere geben zu, daß sie einen Widerwillen gegen diesen und jenen haben, daß sie sie gerne umbringen würden, aber das Gefängnis hält sie davon ab.

A: Aber wie soll denn diese Gesellschaft funktionieren?

B: Verbrechen werden bestraft, und eine starke Polizeigewalt garantiert, daß die Gesetze befolgt werden.

A: Ihr scheinbarer Liberalismus beschränkt sich also letztlich auf Ideen. In der Gesellschaft allgemein soll die Unterdrückung genauso schlimm sein wie vorher.

B: Sind Verkehrsregeln Unterdrückung?

A: Nein, aber …

B: Und sie müssen befolgt werden, und es muß sich jemand um die Gesetzesbrecher kümmern. *Sie* wollen aus jedem Menschen einen Tugendzombie machen. Ist es Ihnen denn nicht klar, daß eine Erziehung, die das zuwege bringt, das repressivste Instrument wäre, das es gibt? Sie würde alle Teile eines Menschen auslöschen, die nicht mit der Tugend übereinstimmen, sie würde aus jemandem, der zwischen Gut und Böse zu wählen fähig ist, einen Computer machen, der immer das Rechte tut. Damit würden wirkliche Menschen ermordet und durch verkörperte Ideen ersetzt. Keine derzeit bekannte Erziehung hat diese Wirkung, das ist auch der Grund, warum wir immer schon eine Polizei gebraucht haben. Die Erziehung, die Ihnen vorschwebt, würde Beschränkungen von außen, die das Verhalten kontrollieren, aber den Geist unberührt lassen, durch eine Gehirnwäsche ersetzen, der die gesamte Person in Fesseln legt. Es ist leicht zu erkennen, welches Verfahren der Freiheit feindlicher ist.

A: Und was für Gesetze, was für Gebote würde es in dieser Ihrer Gesellschaft geben?

B: Es ist nicht meine Sache, das zu entscheiden, das ist Sache der Menschen, die in dieser Gesellschaft leben. Und die Vorschläge würden sich auch mit der historischen Situation ändern. Es müßten Kompromisse gemacht werden, eine richtige Ausgewogenheit gefunden werden …

A: Nach welchen Kriterien würden Sie diese Ausgewogenheit eine »richtige« Ausgewogenheit nennen?

B: Nicht *ich* würde sie eine »richtige« Ausgewogenheit nennen. Die Menschen, die betroffen sind, würden sie eine »richtige« Ausgewogenheit nennen, und sie würden sie eine »richtige« Ausgewogenheit nennen in Übereinstimmung mit Kriterien, die sie vielleicht *erfinden* müssen, um die Situation zu bewältigen, in der sie sind.

A: Sie machen es sich ganz schön leicht. Erst schwingen Sie große Reden, aber wenn man genauer nachfragt, dann erwidern Sie, es sei nicht Ihre Sache, Vorschläge zu machen.

B: Während Ihre Art zu verfahren — und jetzt meine ich Sie persönlich und Intellektuelle wie Sie — darin besteht, in Ihren Büros Theorien, Moralsysteme, humanitäre Philosophien und dergleichen zu entwickeln und sie anderen unter dem Deckmantel von »Erziehung« aufzuzwingen. Ich will, daß die Menschen, *alle* Menschen, ihren eigenen Weg finden. Ich tue nichts weiter als Hindernisse zu beseitigen, die religiöse, geistige und politische »Führer« ihnen in den Weg gelegt haben. Diese wollen das Verhalten der Menschen verändern, bis es mit ihren vorgefaßten Meinungen übereinstimmt. Dazu brauchen sie natürlich einen Plan, während ich das Strukturieren einer Gesellschaft deren eigenen Institutionen überlassen kann. Unter einer angemessenen Erziehung verstehe ich aber eine Unterweisung, die den Menschen sagt, *was los ist*, und die gleichzeitig versucht, sie davor zu schützen, daß sie von der Information überwältigt werden. Zum Beispiel sagt sie den Menschen, daß es so etwas wie eine humanitäre Gesinnung gibt, aber sie versucht auch, ihre Fähigkeit zu stärken, die Grenzen dieser Idee zu erkennen.

A: Können Sie mir beschreiben, wie diese Unterweisung, die Ihnen vorschwebt, aussehen soll? Welches sind die Schutzmaßnahmen, die Sie anwenden würden?

B: Die Maßnahmen verändern sich je nach dem Wissenstand des einzelnen, der unterwiesen wird. Bei kleinen Kindern fangen Sie einfach mit Märchenerzählen an: mythische, religiöse, wissenschaftliche Erzählungen über die Entstehung der Welt und ihren Aufbau ...

A: Also brauchen Sie schon eine Sprache, und diese Sprache würde ohne Ihre »Schutzmaßnahmen« gelehrt werden müssen.

B: Keineswegs! Die beste Schutzmaßnahme gegen die Befangenheit in einer einzelnen Sprache ist die zweisprachige oder dreisprachige Erziehung.

A: Sehr schwierig.

B: Durchaus nicht schwierig, wenn nur die Umstände richtig sind ...

A: Sie sind wohl kaum je richtig ...

B: Sie sind es oft, zum Beispiel in bestimmten Teilen Amerikas, und dennoch gibt es die überwältigende Tendenz, *eine* Sprache zu betonen und andere zu vernachlässigen. Ein Kind sollte beim Heranwachsen nicht nur mit mehreren Sprachen, sondern auch mit mehreren Mythen, den Mythos der Wissenschaft eingeschlossen, vertraut gemacht werden.

A: Welche Mythen würden Sie wählen?

B: Nochmals, nicht *ich* würde wählen, sondern die Menschen an Ort und Stelle, und sie würden in Übereinstimmung mit ihren Wünschen wählen.

A: Sie brauchen aber eine Anleitung, um wählen zu können.

B: Jede Gruppe von Menschen hat ihre weisen Männer und ihre Auswahlmethoden — lassen Sie sie diese Methoden entwickeln.

A: Wieder geben Sie keine Antwort.

B: Weil Sie wieder wollen, daß ich anderen ein Leben aufzwinge ...

A: Aber das machen Sie doch die ganze Zeit.

B: Nein — alles, was ich sage, ist: Lassen Sie die Menschen auf ihre eigene Art zurechtkommen, und ich kritisiere die Rationalisten, die sie in eine andere Richtung drängen wollen.

A: O.k., fahren Sie fort mit Ihren sogenannten Schutzmaßnahmen.

B: Für erwachsene Menschen, die schon bestimmte Überzeugungen haben, hat der Humor eine große entschärfende Wirkung.

A: Sind deshalb Ihre Bücher so voll von schlechten Witzen?

B: Es tut mir leid, daß meine Witze Ihnen nicht gefallen, aber ich habe meine Artikel nicht für Sie geschrieben. Der Humor ist eine der größten und menschlichsten Schutzmaßnahmen. Sokrates hat das sehr wohl erkannt. Er entwickelt in seiner *Apologie* seine Ansichten, in dem Moment aber, wo sie den Zuhörer zu überwältigen drohen, entschärft er ihre Wirkung mit einem Witz. Aristophanes hat ernste Probleme in Form von Komödien dargestellt — er brachte die Menschen zum Nachdenken, bewahrte sie aber davor, seinen Ansichten zu verfallen. Woody Allen ist in manchen seiner älteren Filme wie *Der Stadtneurotiker* ein modernes Beispiel. Wenn die Verbindung von Humor und Erkenntnisgehalt richtig ist, dann spricht das die Menschen durchaus an — sie verstehen, worum es geht, sie nehmen es ernst, sie erkennen die Grenzen. Für die Amerikaner sind Mark Twain und Will Rogers nicht nur einfach Komiker, sie sind weise Männer. Ein Beispiel, das sehr deutlich den Schaden zeigt, den ein zu intellektualistisches Vorgehen bringt, ist Bert Brecht. Er wußte, welche Rolle der Humor spielt, seine

Schriften enthalten äußerst interessante und feinfühlige Betrachtungen darüber — aber er hat versagt. Weiterhin kann man Aussagen durch eine Religion entschärfen, die die große Kluft zeigt zwischen der Natur und dem Menschenwerk. Wir sind Geheimagenten, und zwar nicht nur in der Gesellschaft, in der wir leben, und die nie ganz mit unerem Wesen übereinstimmt, wir sind auch in der Natur Geheimagenten und versuchen ständig, sie unseren einfältigen Vorstellungen anzupassen, was uns nie gelingt. Eine Religion, die uns diese Situation ins Bewußtsein bringt, ist eine machtvolle Schutzmaßnahme gegen den menschlichen Hochmut ...

A: Mit welch absurden Ideen Sie da kommen! Lehren, indem Sie die Menschen zum Lachen bringen über das, was Sie lehren, die Wissenschaft ruinieren, indem Sie sie mit der Religion vermengen, der Mensch ein »Geheimagent der Welt und der Gesellschaft« ...

B: Nun, Sie haben von solchen Ideen ganz offensichtlich noch nie gehört.

A: Und sie sind ganz unnötig, denn die Schutzmaßnahmen, die Sie suchen, existieren bereits und sind viel besser als Ihre fantastischen Einfälle.

B: Ach ja? Und welche wären das?

A: Der kritische Rationalismus.

B: Gott steh uns bei!

A: Gott steh *Ihnen* bei! Der kritische Rationalismus liefert genau die Mittel, nach denen Sie suchen. Er sagt, daß man eine kritische Einstellung zu Ideen haben soll, er sagt, daß Theorien umso leichter kritisierbar sind, je entschlossener sie vorgetragen werden. Er ermutigt diejenigen, die neue Ideen haben, sie ohne Vorbehalte einzuführen, so überzeugend, wie es nur geht. Da haben Sie dann beides! Sie können Ihre Ansichten mit Überzeugung vertreten, Sie können auf Zurückhaltung verzichten, Sie brauchen nicht vorsichtig zu sein, und dennoch brauchen Sie nicht zu fürchten, daß Sie Ihre Zuhörer an der Nase herumführen, denn die Stärke Ihres Vortrags wird es ihnen leicht machen, die Schwächen zu entdecken — falls sie kritisch sind, versteht sich.

B: So scheint das aber nicht zu funktionieren.

A: Was wollen Sie damit sagen?

B: Nun, aus Ihrer Beschreibung würde man entnehmen, daß kritische Rationalisten freie Denker sind, die in kraftvollem und lebendigem Stil schreiben, die sich mit den Grenzen der Rationalität beschäftigt haben, die sich der Wissenschaft in ihrem Versuch, die Gesellschaft zu beherrschen, entgegensetzen, die neue Wege gefunden haben, ihre Ansichten darzulegen, die über den Essay hinaus größtmöglichen Gebrauch von den Medien machen, vom Film, Theater, vom Dialog, die die Funktion der Gefühle beim Reden entdeckt haben und viele andere Dinge solcher Art. Man würde annehmen, daß sie Teil einer Bewegung sind, die interessant ist, die Menschen in ihrem Wunsch nach Freiheit und Unabhängigkeit unterstützt und das Beste in ihnen zum Vorschein bringt. Ich sehe aber nichts weiter als ein trübes Häufchen Intellektueller, die in einem verkrampften Stil schreiben, ein paar Phrasen *ad nauseam* wiederholen und die hauptsächlich an der Entwicklung von Epizyklen rund um intellektualistische Monstren wie Wahrheitsnähe und Gehaltsvergrößerung interessiert sind. Ihre Schüler sind entweder ängstlich oder gemein, je nachdem, auf welche Art von Widerstand sie stoßen, und ihre Vorstellungskraft beschränkt sich auf das strikte Minimum. Sie üben keine *Kritik*, das heißt sie suchen nicht nach Wegen, Ansichten in die richtige Perspektive zu rücken; sie *verwerfen*, was ihnen nicht paßt, mit Phrasen. Wenn das Thema ungewohnt und nicht so leicht zu behandeln ist, dann geraten sie aus der Fassung wie ein Hund, der seinen Herrn in ungewohnter Kleidung sieht: sie wissen nicht mehr — sollen sie weglaufen, sollen sie bellen, sollen sie ihn beißen oder sollen sie ihm das Gesicht ablecken. Diese Philosophie ist ganz auf die Mentalität junger deutscher Intellektueller zugeschnitten. Das sind sehr »kritische« Menschen; sie sind gegen viele Dinge, aber sie sind viel zu ängstlich, selber die Verantwortung für ihre Attacken zu übernehmen, also suchen sie nach einer Art Versicherung. Welche Versicherung ist nun besser, als der Schoß einer einflußreichen Schule, die den Kritiker vor den Rückwirkungen seiner Kritik schützt? Und was eignet sich besser zum Schoß als der kritische Rationalismus, der sogar die Autorität der Wissenschaft auf seiner Seite zu haben scheint? Um die Wahrheit zu sagen, es handelt sich hier nicht um eine Philosophie, sondern um konfuses Gerede über die Wissenschaften. Um die Wahrheit zu sagen, das Gerede ist weder wahr noch kritisch: Es gibt kein einziges interessantes Ereignis in der Wissenschaftsgeschichte, das auf Poppersche Weise erklärt werden kann, und keinen einzigen Versuch, die Wissenschaft in der richtigen Perspektive zu sehen. Diese Philosophie ist nichts weiter als ein treuer, aber nicht sehr gescheiter Diener der Wissenschaft, so wie frühere Philosophien treue und nicht sehr gescheite Knechte der Theologie waren. Die Kritik gilt nie der Wissenschaft als ganzer (so wie sie früher nie der Theologie als ganzer galt); meistens ist sie entweder gegen die Konkurrenz gerichtet oder gegen unpopuläre Entwicklungen in den Wissenschaften selbst — ein Konflikt mit der vorherrschenden Richtung der Wissenschaft wird in beiden Fällen vermieden.

Aber alle diese Nachteile zählen nicht: Unsere neuen Intellektuellen haben weder die Vorstellungskraft noch den Mut noch das historische Wissen, um zu bemerken, wie schlecht es um den *kritischen* Rationalismus bestellt ist, wenn man ihn mit der *Tradition* des Rationalismus vergleicht. Auch Lessing war ein Rationalist — aber welch ein Unterschied! Er kannte den abstumpfenden Einfluß von Schulen auf das Denken, und darum weigerte er sich auch, der Begründer einer Schule zu werden (so verstanden sich auch manche frühen Ärzte, die sich in ihrer Wirksamkeit als Heiler nicht durch die Doktrinen einer Schule behindern lassen wollten, als Teil eines »Trends«, der in jede beliebige Richtung gehen konnte). Lessing erkannte den hemmenden Einfluß akademischer Verbindungen, und deshalb weigerte er sich, eine Professur anzunehmen. Er wollte »frei wie ein Vogel« sein, selbst wenn das Einsamkeit und Hunger bedeutete. Lessing hat gemerkt, daß eine »Philosophie«, die ein *Denksystem* ist, nur seinen Einfallsreichtum behindern würde, und deshalb ließ er den zur Diskussion stehenden Fall die Diskussionsweise bestimmen und nicht umgekehrt. Die Rationalität war für ihn ein Instrument der Befreiung, das ständig umgebaut werden mußte — sie war keine abstrakte Form, die ohne Rücksicht auf die Umstände eingesetzt wurde. Lessing bewunderte gewisse Philosophien wie zum Beispiel Aristoteles' Dramentheorie, er war aber bereit, sie zu modifizieren und sie sogar fallenzulassen, wenn in ihrem Bereich etwas Neues, eine bis dahin unbekannte Verbindung dramatischer Verfahren soviel inneres Leben hatte, daß eine Änderung der Maßstäbe angemessen schien. Welch ein Kontrast zwischen einem freien Mann wie diesem und den ängstlichen Nagetieren, die die deutsche und französische intellektuelle Szene bevölkern! Welch ein Kontrast an Freiheit, Ideenreichtum, Fähigkeit und *Charakter!*

Lessings Philosophie war eine *Lebenseinstellung,* sein Rationalismus ein Instrument zur Verbesserung des Denkens wie der Emotionen, der Ideen ebenso wie der Ausdrucksformen, der allgemeinen Prinzipien ebenso wie der spezifischen Umstände, während sich die Popperianer auf etwas beschränken, das sie »Ideen« zu nennen belieben, und selbst da sind sie Sklaven von ein paar schlecht verstandenen Parolen über die Wissenschaft. Das ist eine Schulphilosophie übelster Sorte, eine abstumpfende, versklavende, engstirnige und kenntnislose Ideologie. Natürlich kommen Schulphilosophien gewöhnlich auf, wenn Ideen *die akademische Szene* betreten — in unserem Fall aber ist der Urheber der Schule nicht ganz frei von Schuld. Sehen Sie sich nur einmal die Art und Weise an, in der Popper die Entstehung seiner sogenannten Ideen beschreibt: Da war er, der junge Denker in Wien, der die intellektuelle Situation um sich herum betrachtet. Er fand den Marxismus, die Theorie Freuds und die Relativitätstheorie. Das waren eindrucksvolle Theorien, aber er erkannte einen merkwürdigen Unterschied zwischen ihnen. Er stellte fest, daß der Marxismus und die Psychoanalyse scheinbar in der Lage waren, jede beliebige Tatsache auf ihrem Gebiet zu erklären. Die Relativitätstheorie aber war so aufgebaut, daß bestimmte Tatsachen ihr Ende bedeuten würden. Und hier lag, so erkannte der junge Karl, der Unterschied zwischen Wissenschaft und Nicht-Wissenschaft: die Wissenschaft ist vorläufig und falsifizierbar — Nicht-Wissenschaft läßt sich nicht falsifizieren. Habe ich soweit recht?

A: Ja — aber ich wünschte, Sie würden Ihre Neigung zum Sarkasmus im Zaum halten. Dies sind wichtige Entdeckungen —

B: Ob es sich um Entdeckungen handelt und ob sie wichtig sind, das werden wir gleich sehen. Zunächst einmal hat es das Ungeheuer »Psychoanalyse«, so, wie es von Popper beschrieben wurde, nie gegeben. Als Freud anfing, war er allein. Er hatte bestimmte Ideen, die er entwickelte, prüfte, änderte. Die Theorie Freuds und Breuers ist ein frühes Stadium dieser Entwicklung. Nach dieser Theorie läßt sich die Hysterie auf erschütternde Ereignisse zurückführen und kann geheilt werden, indem man dem Patienten hilft, sich die Ereignisse in Erinnerung zu rufen. Die Theorie hat nicht überlebt. Man entdeckte, daß die Erinnerung an das Ereignis nicht immer ausreichend war, und man entdeckte ebenfalls, daß die angeblichen Heilungen nur einige Symptome durch andere ersetzten. Also änderte Freud wieder seine Theorie. Dann fingen seine Schüler und Mitarbeiter an, ihn zu kritisieren. Es entstanden die Individualpsychologie und die Jungsche Psychologie. Die Relativitätstheorie hat nie zu einer solchen Fülle von Ansichten und einem solchen Ausmaß von Kritik geführt. Ganz im Gegenteil, als die Relativitätstheorie auf die erste Schwierigkeit stieß, blieb Einstein unbeeindruckt. Er betonte, daß seine Theorie einfach sei, daß er sie vernünftig finde und daß er sie nicht aufgeben werde. Später verspottete er Leute, die beeindruckt waren von der »Verifizierung kleiner Effekte«, wie er Testverfahren etwas ironisch nannte. Sie sehen also, Poppers Darstellung der historischen Situation geht nicht sehr tief und stimmt selbst an der Oberfläche nicht . . .

A: Aber dies ist doch nur die Motivation . . .

B: Trauen Sie keinem, dessen Motive zeigen, daß er nicht weiß, wovon er redet.

A: Damit kommen Sie nicht durch! Sie müssen nachweisen, daß die Theorie, die Popper schließlich aufgestellt hat, genauso unangemessen war wie seine Motivation.

B: Was durchaus nicht schwierig ist! Popper behauptet, er habe das Problem Humes gelöst.

A: Das hat er doch auch!

B: Vielleicht hat er das, vielleicht auch nicht. Jedenfalls hat Erwin Schrödinger, dem Popper die englische Ausgabe der *Logik der Forschung* widmen wollte, gesagt, er habe es nicht gelöst.

A: Woher wissen Sie das?

B: Ich habe mit Schrödinger zu Mittag gegessen. Er hatte Poppers Buch bei sich; er zeigte darauf und explodierte: »Für wen hält der Popper sich? Er behauptet, das Problem Humes gelöst zu haben. Er hat nichts dergleichen getan. Und jetzt will er mir das Buch widmen!«

A: Wissenschaftler sind für die Beurteilung philosophischer Fragen nicht besonders gut geeignet!

B: Der Meinung bin ich auch – aber wenn sie Popper unterstützen, dann schreien die Popperianer: »Seht, wie viele Nobelpreisträger unseren geliebten Führer preisen!« Es ist aber gar nicht wichtig, ob Popper das Problem Humes gelöst hat. Die Lösung des Humeschen Problems hat nichts mit einem richtigen Verständnis der Wissenschaften zu tun.

A: Hat nichts damit zu tun?

B: Hat *absolut* nichts damit zu tun. Humes Problem ergibt sich aus einer speziellen philosophischen Situation. Die Wissenschaft begann lange vor Hume, entwickelte sich, obwohl Humes Problem nicht gelöst war, und wurde von den verschiedenen Lösungsversuchen nicht im geringsten beeinflußt. Und es ist leicht zu verstehen, warum das so ist. Das Problem Humes besteht darin, wie man eine allgemeine Behauptung aufgrund einer begrenzten Zahl von Einzelfällen rechtfertigen kann. Und die Rechtfertigung soll ein Verfahren sein, das einzeln benennbare Regeln befolgt. Im Alltag und in den interessanteren Teilen der Wissenschaft hat die »Rechtfertigung« dieses Merkmal aber nicht. Wir »erstellen« den Charakter eines Menschen nicht, indem wir zuerst Beobachtungen seines Verhaltens sammeln und dann Regeln verwenden, um von da zu einem allgemeinen Urteil zu kommen, wir »erfühlen« sozusagen unseren Weg dahin, und das müssen wir auch, denn der Charakter eines Menschen zeigt sich nur selten in unzweideutiger Weise. Zum Beispiel haben wir oft Grund zu der Annahme (und »Grund« heißt hier nicht »Menge von Beobachtungen«), daß er ein freundlicher Mensch ist, aber bei anderen Gelegenheiten scheint er herzlos und grausam zu sein. Vielleicht lassen wir diese Gelegenheiten außer acht und nehmen ohne genaue Evidenz an, sie seien irreführend und gäben uns kein richtiges Bild von dem Menschen, vielleicht erklären wir sie, wiederum ohne detaillierte Evidenz, weg, indem wir sagen, seine Härte sei mehr als gerechtfertigt gewesen und daher keine wirkliche Grausamkeit.

A: All dies gehört in den Kontext der Entdeckung — und jeder gibt zu, daß es hier eine Fülle merkwürdiger Ereignisse gibt und geben muß ...

B: O.k. — aber dann müssen Sie auch zugeben, daß das, was Sie den Kontext der Rechtfertigung nennen — die Situation, in der Sie unzweideutige und gut bestätigte Beobachtungen und eine klare allgemeine Regel haben und fragen, wie das eine mit dem anderen in Beziehung steht — ein Idealfall ist, der in der Praxis so gut wie nie vorkommt, wenigstens nicht in jenen Teilen der Wissenschaft, die Popper am Herzen liegen — dem Bereich der allgemeinen abstrakten Theorie. Was wir in der Praxis haben, das ist immer eine Theorie, die gelegentlich in sehr zweideutigen Begriffen formuliert ist (denken Sie an Bohrs ältere Quantentheorie!), das sind Beobachtungstatsachen, die in alle möglichen Richtungen zeigen, und ein Urteil, das vorübergehend festlegt, was zuverlässig ist und was nicht, und das die Theorie auf dieser Grundlage akzeptiert. Der »Humesche« Fall kommt in Reinform so gut wie nie vor und bringt unser Verständnis der Wissenschaft wenig voran. Humes Problem ist, um ein einfacheres Beispiel zu nehmen, wie man »Alle Raben sind schwarz« auf der Grundlage von n schwarzen Raben rechtfertigt, wobei n eine begrenzte Zahl ist. Das Problem für die Wissenschaftler ist, was man mit »Alle Raben sind schwarz« anfängt, wenn n Vögel gegeben sind, von denen die meisten eindeutig Raben sind, manche eher zweifelhaft, wenn auch anscheinend Raben, und von diesen Raben oder Pseudo-Raben sind einige grau, andere schwarz, manche sogar weiß und der Rest von einer schillernden Farbe, die man nicht bestimmen kann.

A: Die Situation ist wohl klar — es gibt weiße Raben, folglich ist »Alle Raben sind schwarz« falsch.

B: So würde ein Philosoph argumentieren, nicht ein Wissenschaftler. »Alle Raben sind schwarz« paßt vielleicht in ein theoretisches System von großer Schönheit und Symmetrie, und dann behält es ein Wissenschaftler bei und arbeitet trotz der weißen Raben weiter daran.

A: Kein Wissenschaftler würde das tun!

B: Genau das hat Einstein getan, als seine Theorie auf Schwierigkeiten stieß — und Darwin, und Maxwell, und

Schrödinger, und Kopernikus, und Galilei — und so weiter; man muß einfach hartnäckig sein, sonst kommt man nie zu einer Theorie. Sie sehen, Humes Problem kommt in einem Traumland vor, das so gut wie nichts mit den Realitäten der Wissenschaft zu tun hat, ganz so wie Kants moralische Imperative eine grausame Traumwelt konstruieren, völlig anders als unsere Welt, in der die Freundlichkeit der Ehrlichkeit Grenzen setzt.

A: Was wird aber aus der Wissenschaftsphilosophie bei so einer Einstellung?

B: Sie stirbt ab und wird durch die Geschichte und eine hochentwickelte Wissenschaft ersetzt, die allein zurechtkommen kann. Leider ist die Situation heute ganz anders, wenn es auch hier und da Anzeichen für Hoffnung gibt. Was wir haben, das ist eine philosophisch naive Wissenschaft, die den Platz einnehmen will, den vorher Religion und Theologie hatten, eine wissenschaftlich naive Philosophie, die die Wissenschaft in den Himmel hebt, und die wiederum von den Wissenschaftlern in den Himmel gehoben wird, eine feige Religion, die aufgehört hat, eine Weltanschauung zu sein und zu einer Art Gesellschaftsspiel geworden ist, und eine Kunst, wo man »Zum Teufel mit der Realität« schreit und nur noch mit den erhabenen Seelenbewegungen des großen Künstlers beschäftigt ist, selbst wenn dabei praktisch nicht mehr herauskommt als Jackson Pollocks Pisspattern . . .

A: Ich bitte Sie, wenn wir schon streiten müssen, lassen Sie uns wenigstens dabei eine gewisse Ordnung einhalten. Sie können vielleicht mit fünfzig Ideen gleichzeitig jonglieren, aber ich kann mich nur erst mit einer Idee und dann mit einer anderen befassen . . .

B: Und genau da liegt das Problem bei Ihnen und Ihren Freunden, den Logikern! Sie können die Dinge nur verstehen, wenn sie in einer bestimmten Ordnung präsentiert werden, am liebsten in linearer Reihenfolge, und dabei sollen die Elemente die ganze Diskussion hindurch ihre Eigenschaften beibehalten. Was aber, wenn der Inhalt in völlig anderer Weise gestaltet ist? Nehmen Sie die Musik. Es stimmt, daß die verschiedenen Themen in einer bestimmten Ordnung aufeinanderfolgen, aber erstens ist ihre Wiederholung sehr oft keine genaue Wiederholung, gelegentlich erfordert es erhebliche Fähigkeiten, ein Thema durch all seine Variationen hindurch wiederzuerkennen, und zweitens müssen Sie gleichzeitig auf verschiedene Dinge achten. Sehen Sie sich nur einmal die Partitur einer Symphonie an! Gewisse Leute, die Dogon in Afrika zum Beispiel und manche Anhänger C.G. Jungs, meinen, daß unser Weltgeschehen in genau der selben Art strukturiert ist. Wenn das nun stimmt, dann sind Menschen wie Sie, die »sich nur erst mit einer Idee und dann mit einer anderen befassen können«, ernsthaft im Nachteil und müssen lernen, neu zu denken. Sie sind wenigstens ehrlich, Sie gestehen eine gewisse Schwäche ein und bitten mich, die Diskussion in einer Weise zu führen, die es Ihnen ermöglicht, trotz Ihrer Unzulänglichkeit daran teilzunehmen ...

A: Ganz so war das nicht gemeint ...

B: Aber Sie wissen, was ich meine, nicht wahr? Ihre Bitte, die Diskussion Ihren Fähigkeiten anzupassen, ist natürlich völlig legitim. Das ist eine ganz selbstverständliche Bitte. Jeder Rhetoriker von Gorgias bis zu Mao Tse-Tung würde einem Redner sagen, daß er Rücksicht auf seine Zuhörer nehmen und seine Ideen in einer Art und Weise vortragen muß, die ihnen am zugänglichsten ist. Ihre Logiker schlagen da ganz andere Töne an. Sie haben dieselben Unzulänglichkeiten wie Sie, es gibt eine Menge Dinge, die sie nicht verstehen, und wenige Dinge, die sie verstehen. Aber statt zu versuchen zu lernen, behaupten sie, daß die Dinge, die sie verstehen, die einzigen sind, die man verstehen kann. Aus irgendeinem Grund haben sie so gut wie alle anderen davon überzeugt, daß sie recht haben, und so kommt es zu dem merkwürdigen Schauspiel, daß Menschen ohne Sehvermögen allen anderen die effizienteste Art und Weise beibringen, genauso blind zu werden wie sie. Lassen Sie uns jedoch zu unserem Hauptthema zurückkommen. Was ist unser Hauptthema?

A: Sehen Sie, Sie wären nicht mal in der Lage, ein Selbstgespräch fortzusetzen, wenn Ihnen nicht andauernd jemand zum Ausgangspunkt zurückhelfen würde ...

B: Nein, nein, warten Sie einen Augenblick, jetzt fällt es mir wieder ein. Ich habe gesagt, daß die Wissenschaft und wissenschaftliche Entdeckungen uns nur darum wichtig erscheinen, weil wir konditioniert sind, sie für wichtig zu halten, weil sie ...

A: Halt, genau hier kommt mein erster Einwand: Ich glaube nicht, daß es etwas mit Konditionierung zu tun hat, wenn man von der Tatsache beeindruckt ist, daß Menschen auf dem Mond gewesen sind ...

B: Da sind Sie aber auf dem Holzweg! Können Sie sich vorstellen, daß ein Prophet oder ein Frühchrist oder ein durchschnittlicher Dogon davon beeindruckt wäre, daß zwei Menschen auf einem ausgetrockneten Stein umherstolpern, wenn er zum Schöpfer selbst sprechen kann? Oder denken Sie an die Gnostiker, an die Hermetiker oder Rabbi Akiba, die ihre Seele so lenken konnten, daß sie ihren Körper verlassen und von Sphäre zu Sphäre aufsteigen konnten, den Mond weit hinter sich lassend, bis sie Gott in seiner ganzen Herrlichkeit gegenüberstanden. Diese Menschen würden doch ein großes Gelächter anstimmen über dieses merkwürdige Unternehmen mit einem gewaltigen Aufwand an Maschinerie, Tausenden von Hilfskräften, Jahren der Vorbereitung — erreicht wurde was? Ein paar unbeholfene und unbequeme Sprünge an einem Ort, den kein vernünftiger Mensch je aus der Nähe sehen wollte . . .

A: Jetzt hören Sie aber auf! Wollen Sie wirklich die Delirien von ein paar vorsintflutlichen Verrückten mit den wissenschaftlichen Errungenschaften von heute vergleichen?

B: Wie merkwürdig! Erst geben Sie sich als Rationalist aus, der diskutieren will, und jetzt, wo ich Ihnen Diskussionsstoff biete, verlegen Sie sich aufs Beschimpfen . . .

A: Weil Sie darauf bestehen, lächerliche Behauptungen aufzustellen. Oder wollen Sie mir weismachen, daß Sie diese Theorien ernst nehmen?

B: Es geht hier nicht darum, was ich ernst nehme und was nicht. Worum es hier geht, ist die Frage, ob wir von den Mondflügen beeindruckt sind, weil wir darauf trainiert sind, oder weil diese Dinge, wie soll ich sagen, »an sich beeindruckend« sind.

A: Darum geht es.

B: Ich habe Ihnen nun Beispiele von Menschen gegeben, die wegen ihrer anderen Herkunft alles andere als beeindruckt gewesen wären von diesem Himmelsschauspiel.

A: Und weiter?

B: Verstehen Sie denn nicht? Wenn etwas »an sich beeindruckend« ist, muß jeder davon beeindruckt sein.

A: Außer wenn er durch Vorurteile verblendet ist . . .

B: Und die Frühchristen waren durch Vorurteile verblendet?

A: Sie können sie wohl kaum objektiv nennen.

B: Für Sie heißt »objektiv sein« . . .

A: Eine offene Denkweise haben.

B: Aha. Nun sagen Sie mir, meinen Sie, daß Sie eine offene Denkweise haben?

A: Ja, ziemlich.

B: Und eine offene Denkweise haben, heißt bereit sein, die Stärken und Schwächen von Ansichten zu untersuchen, egal, wie merkwürdig diese vielleicht auf den ersten Blick erscheinen, nicht wahr?

A: Ja. Es heißt aber nicht, gesicherte Fakten und absonderliche Märchen einander gegenüberstellen und dann versuchen, aus der Gegenüberstellung einen argumentativen Vorsprung zu erzielen. Als ich sagte, die Mondflüge seien beeindruckend, meinte ich damit nicht, daß sie für jeden hergelaufenen Dummkopf beeindruckend sind; ich meinte, sie sind beeindruckend für Menschen mit einem Minimum an Bildung, Menschen, die eine rationale Grundlage für die Beurteilung der damit verbundenen Probleme und Errungenschaften haben. Wenn man Ihre Argumentation weitertreibt, könnte man die Bedeutung der Mondflüge genauso gut aus dem Grund abstreiten, daß jeder Köter auf dieser Erde wie gewohnt seinen Geschäften nachgegangen ist . . .

B: Und wenn Sie sagen, es sei rational, die Mondflüge als beeindruckend zu betrachten, gehen Sie davon aus, daß die Astronauten den Mond wirklich erreicht haben.

A: Selbstverständlich.

B: Während Sie bezweifeln, daß irgendjemand durch geistige Projektion am Mond vorbei bis zu Gott gelangt ist.

A: Natürlich.

B: Und Sie haben selbstverständlich ausgezeichnete Gründe, das eine anzunehmen und das andere zu bezweifeln.

A: Die besten Gründe! Hunderte von Menschen haben den Raketenstart gesehen, Millionen haben das Ereignis im Fernsehen gesehen, Bodenstationen haben mit der Rakete Verbindung aufgenommen, als sie außer normaler Sichtweite war. Mit den Astronauten wurde Gesprächskontakt gehalten ...

B: Und was Ihre Zweifel an der Realität geistiger Projektion betrifft?

A: Das wissen Sie doch genauso gut wie ich, daß so etwas unmöglich ist.

B: Sie wissen das vielleicht, *ich* aber nicht, also erklären Sie es mit bitte.

A (resigniert): Ich sehe, Sie wollen einfach herumspielen. O.k., bringen wir es hinter uns. Diese Geschichten gehen, so wie Sie sie erzählt haben, davon aus, daß die Seele die Erde verläßt und von Sphäre zu Sphäre aufsteigt, bis sie mit Gott zusammentrifft. Gebe ich Sie korrekt wieder?

B: Ja. Das Buch Enoch nimmt acht Sphären an, Rabbi Akibas Geschichte drei, es gibt also verschiedene Versionen, aber jede geht von einer Reihe von Sphären aus.

A (triumphierend, wenn auch leicht verwirrt durch Bs Begriffsstutzigkeit): Da haben wir's!

B: Ja?

A: Es gibt keine Sphären!

B: (schweigt.)

A: Ist wenigstens dieser Teil unseres Gesprächs jetzt erledigt?

B: Haben Sie schon von Fluchtgeschwindigkeiten gehört?

A: Ja.

B: Eine Fluchtgeschwindigkeit ist die Geschwindigkeit, die ein Objekt braucht, um der Anziehungskraft eines anderen Objekts zu entgehen und sich von ihm auf einer parabelförmigen Flugbahn zu entfernen. Wissen Sie, was Roches Grenze ist?

A: Nein.

B: Roches Grenze ist der Abstand, bis zu dem ein Planet sich einem anderen Planeten nähern kann, ohne in Stücke gerissen zu werden oder den anderen Planeten in Stücke zu reißen, je nachem, welcher größer ist.

A: Ja, und?

B. Da haben wir also zwei Arten von »Sphären« um jeden Himmelskörper, eine im gewöhnlichen Raum, die andere im Impulsraum, das könnten sehr wohl die Sphären in unseren Geschichten sein.

A: Ich bezweifle aber sehr, daß die Autoren der Geschichten, wer immer sie sind, an diese Interpretation ihrer Sphären gedacht haben.

B: Hat Kopernikus die Relativitätstheorie gekannt?

A: Worauf wollen Sie jetzt wieder hinaus?

B: Sagen Sie mir doch — hat Kopernikus die Relativität gekannt?

A: Meinen Sie Einsteins Relativitätstheorie oder die allgemeinere Idee der Bewegungsrelativität?

B: Einsteins Theorie.

A: Die Antwort ist doch klar. Kopernikus hat Einsteins Relativitätstheorie nicht gekannt.

B: Also kann nichts von dem, was er gesagt hat, im Einsteinschen Sinn gemeint sein.

A: Nein.

B: Nun sagen Sie mir — ist Kopernikus' Theorie korrekt?

A: Nicht völlig. Er hat eine Himmelssphäre angenommen — das war ein Irrtum. Andererseits hat er ganz richtig gesagt, daß die Planeten um die Sonne kreisen, daß aber die Sonne um keinen Planeten kreist.

B: Nach der allgemeinen Relativitätstheorie gibt es aber

keine bevorzugten Bezugssysteme. Folglich ist die eine Beschreibung so korrekt wie die andere, und Kopernikus hat unrecht.

A: Das ist wohl ein bißchen zu simpel gedacht. Natürlich gibt es keinen absoluten Raum. Aber ein System, in dem die Sonne stillsteht, ist einem Inertialsystem näher als ein System, in dem irgendeiner der Planeten stillsteht, und hierin unterscheidet es sich vom letzteren.

B: Wenn Sie also sagen, daß Kopernikus zu Recht behauptete, die Planeten kreisten um die Sonne, die Sonne kreise aber nicht um irgendeinen Planeten, so geben Sie den Worten die Interpretation, die Sie gerade erklärt haben.

A: Ja.

B: Und diese Interpretation, so sagen Sie, war nicht die Interpretation, die Kopernikus ihnen gab.

A: Nein.

B: Aber trotzdem benutzen Sie sie, um die Verdienste des Kopernikus einer modernen Zuhörerschaft nahezubringen.

A: Nicht nur das, ich brauche sie auch, wenn ich als Annäherung Kopernikus aus Einstein herleiten will.

B: Sie sehen doch sicher ein, daß Sie mit Kopernikus genau das machen, was ich mit Enoch machen wollte — da haben Sie aber Einwände erhoben.

A: Und das mit gutem Grund! Denn die Geschichten himmlischer Navigationen, die Ihnen so gut zu gefallen scheinen, sind keine wissenschaftlichen Theorien ...

B: Vor oder nach der Neuinterpretation?

A: Vor *und* nach der Neuinterpretation! Es ist unsinnig zu versuchen, einer Geschichte Tatsachengehalt zu geben, wenn die Geschichte prinzipiell keinen Tatsachengehalt haben kann ...

B: Womit als gegeben vorausgesetzt wird, was wir gerade untersuchen: Sie machen aus einer Aussage, die zur Debatte steht, eine Voraussetzung für die Argumentation ...

A: Nein, das tue ich nicht, ich füge nur eine klärende Bemerkung hinzu, und zwar diese: Kopernikus hatte die Absicht, sich mit konkreten Ereignissen zu befassen, und daher handelt es sich mindestens um eine *mögliche* Tatsachenaussage, während Ihre Geschichten eine völlig andere Funktion haben, sie haben nichts mit Tatsachen zu tun, vielleicht sind sie nicht einmal Aussagen, sie sind religiöse Phantasien oder Allegorien ...

B: Sie scheinen eine ganze Menge über Dinge zu wissen, die Sie nie untersucht haben ...

A: Ich brauche die Sache nicht im einzelnen zu untersuchen, ich kann per Analogie vorgehen. Ich weiß zum Beispiel, daß eine Tragödie wie *Agamemnon* nicht dasselbe ist wie ein historischer Bericht. Ein historischer Bericht besteht aus einer Reihe von Aussagen, die zeigen sollen, was tatsächlich geschehen ist. Eine Tragödie enthält Aussagen völlig anderer Art, zusammen mit Bewegung, einem Hintergrund und so weiter, und ihr Zweck ist ...

B: Jetzt sind Sie also auch schon ein Experte für Dramen ... oder?

A: Das bin ich nicht und brauche es auch nicht zu sein, denn das ist alles ganz elementar ...

B: Genau das haben die Gegner Galileis gesagt, als sie seine Theorie der Bewegung kritisierten: »Alles ganz elementar, wir alle wissen, daß wir von der Erde hinunterfallen würden, wenn die Erde sich bewegen würde ...«, und so weiter und so fort. Sie sind wirklich ein ausgezeichnetes Beispiel für die Einstellung, von der ich weiter oben gesprochen habe. Wissenschaftler haben viele Argumente für die Vorzüglichkeit der Wissenschaft, aber wenn man genauer hinsieht, erkennt man, daß viele ihrer »Argumente« nichts als dogmatische Behauptungen über Dinge sind, von denen sie nicht das geringste verstehen.

A: Ich wünschte, Sie würden mit Ihren Moralpredigten aufhören und mir statt dessen ein paar echte Einwände liefern. O.k. Lassen Sie mich es einmal anders versuchen: Gibt es so etwas wie Märchen und Mythen?

B: Natürlich gibt es das.

A: Sind solche Geschichten wahr, oder sind sie es nicht?

B: Das ist eine sehr schwierige Frage . . .

A: Ach bitte nicht wieder diesen Allzweck-Skeptizismus! Man kann jedes Gespräch zum Scheitern bringen, wenn man nicht ein paar Dinge voraussetzt.

B: Zugegeben! Und ich bin bereit, vieles vorauszusetzen — außer dem Punkt, um den es in unserer Debatte geht.

A: Aber gerade davon spreche ich doch! Wir wissen alle, daß es Geschichten gibt, die historische Ereignisse oder Naturereignisse wiedergeben, und andere Geschichten, die der Unterhaltung oder als Teil eines Rituals dienen und die keinen Tatsachengehalt haben. Generationen von Denkern haben versucht, den Unterschied zwischen diesen beiden Arten von Geschichten klarzumachen, und jetzt tun Sie so, als gäbe es ihn nicht.

B: Ich leugne die Unterscheidung nicht, wenn ich auch meine, daß sie mehr Schaden als Gutes gebracht hat. Ich will nur darauf hinweisen, daß es sehr schwierig ist zu entscheiden, ob eine einzelne Geschichte wie die Geschichte Enoch auf die eine oder die andere Seite gehört. Meistens sind die Kategorien sowieso von Grund auf vermengt. Eine Geschichte, die wir für historisch wahr halten, erzählen wir vielleicht, weil wir sie unterhaltsam und lehrreich finden, und dennoch entdecken wir später vielleicht, daß sie nie stattgefunden hat. Viele erbauliche Erzählungen aus der amerikanischen Geschichte oder eigentlich aus jeder Nationalgeschichte sind von dieser Sorte. Oder wir erzählen vielleicht eine Geschichte, von der wir überzeugt sind, daß sie nie stattgefunden hat, um einer moralischen Lehre willen und merken dann, daß sie tatsächlich wahr ist. Jahrhundertelang wurden Homers *Ilias* und *Odyssee* zur Erbauung erzählt oder um zu erklären, was wahres Heldentum ausmacht, und keiner hielt sie für mehr als unterhaltsame und erfreuliche Dichtung, bis Schliemann Troja gefunden hat unter der Annahme, daß bestimmte Teile der *Ilias* buchstäblich wahr sind. Erst vor kurzer Zeit hat man entdeckt, daß einige »primitive« Kunstwerke aus Fundstätten in Neu-Mexiko, Arizona, Texas, Kalifornien als Tatsachenberichte über einen Novaausbruch gelesen werden können, über den auch in der Sung-Dynastie in China berichtet worden ist. Man kann sie als Tatsachenberichte lesen — damit zählen sie aber noch nicht zur Kategorie »tatsächlich wahrer Aussagen« — denn die Kunstwerke können sehr wohl eine religiöse Bedeutung haben und *hatten sie sehr wahrscheinlich auch*. Selbst die modernen wissenschaftlichen Theorien sind nicht völlig »rein«, wie man merkt, wenn man einem Nobelvortrag zuhört oder das Programm des Pittsburgher Zentrums für Wissenschaftsphilosophie studiert, in dem Einsteins Gleichungen wie das Kreuz im Gebetbuch abgebildet sind. Diese Klassifikationen sind also alle ziemlich oberflächlich und praktisch nutzlos. Nehmen Sie den Fall vom Theater, den Sie erwähnt haben. Detektive spielen Verbrechen noch einmal durch, um der Wahrheit auf die Spur zu kommen. Dasselbe hat Piscator in großem Maßstab in Berlin gemacht und so ein kritisches Theater gegründet, das zur Untersuchung historischer und soziologischer Gemeinplätze benutzt werden konnte. Brechts Interesse galt der Wahrheit, aber er war auch daran interessiert, die Fähigkeit zum Entdecken von Irrtümern zu fördern. Er erkannte, daß einige Arten, das darzustellen, was Wahrheit zu sein beansprucht, das Denken lähmen, während andere die kritischen Fähigkeiten fördern. Eine systematische Darstellung, die die verschiedenen Aspekte harmonisiert und immer die gleiche Sprache verwendet, gehört zu der ersten Kategorie, eine dialektische Darstellung, die Brüche vergrößert und unterschiedliche Jargons nebeneinander stehen läßt, gehört zur zweiten.

Es gibt also verschiedene Arten, eine Aussage zu machen, sie haben alle »den gleichen Tatsachengehalt«, sie führen aber zu ganz unterschiedlichen Einstellungen gegenüber diesem Gehalt. Vielleicht haben Sie Einwände. Vielleicht sagen Sie, daß dies im Theater, nicht aber in der Wissenschaft passiert: Abhandlungen wie Carathéodory über die Thermodynamik oder von Neumann über die Quantentheorie seien einstellungsneutral. Nichts könnte weiter von der Wahrheit entfernt sein. Zunächst einmal gehört von Neumann zu dem, was man die euklidische Tradition nennen könnte; diese stellt Grundannahmen auf und leitet das übrige davon ab. Arpad Szabó hat gezeigt, daß die euklidische Tradition von Parmenides herkommt. Nach Parmenides *verändern* sich die Dinge nicht, sie *sind*. Eine wahrheitsgetreue Darstellung kann daher nicht eine Geschichte sein, die wiedergibt, wie die Dinge entstanden sind, sie kann kein Schöpfungsmythos sein (wie der Mythos Hesiods oder Anaximanders), und in der Mathematik kann sie keine Beschreibung der Art und Weise sein, in der mathematische Gebilde *konstruiert* werden. Sie muß *unveränderliche* Naturen annehmen und *unveränderliche* Beziehungen zwischen diesen. Das grundlegende Postulat dieser Tradition — die Dinge verändern sich nicht — hat man vor langer Zeit fallenlassen. Wir haben erkannt, daß es keine festen Formen, keine unveränderlichen Naturgesetze gibt, und wir nehmen jetzt an, daß sogar das Universum als Ganzes eine Geschichte hat. Die Grundlage der euklidischen Tradition ist also nicht mehr akzeptabel. Hat dies unsere Einstellung gegenüber der Mathematik und der mathematischen Physik beeinflußt? Nur zum Teil. Von Neumanns Darstellung, die viele Anhänger hat, spiegelt die älteren Ideologien wider. Darüberhinaus spiegelt sie sie in einer Art und Weise wider, die es sehr schwer macht, grundlegende Fehler zu entdecken und sich Alternativen vorzustellen. Man kommt wie Parmenides zu der Überzeugung, daß es eine einzige, vollkommene Art geben muß, die Dinge zu sagen, und daß man schon ganz nahe daran ist: noch einen Schritt oder zwei weiter *in derselben Richtung,* und die Wahrheit wird sich zeigen.

Nehmen Sie nun einen Aufsatz von Bohr. Zunächst einmal sind Bohrs Aufsätze in einem relativ formlosen und unausgefeilten Stil geschrieben, obwohl sie von hochtechnischen Dingen handeln. Von Neumann ist natürlich auch nicht ausgefeilt, und das wird gelegentlich sogar zugegeben; es gibt aber Teile, die endgültig fertig und keiner weiteren Überprüfung bedürftig erscheinen. Diese Teile fallen durch die Prägnanz und die Klarheit ihrer Formulierung auf. Bei Bohr gibt es keine speziellen Formulierungen dieser Art — alles ist gleichermaßen offen für den Zweifel. Philosophie und Wissenschaft sind in einer Weise miteinander vermengt, an der sich Puristen wie Thomson und Rutherford gestoßen haben. Da gibt es eine Reihe von Vermutungen, von denen jede einen anderen Aspekt des Problems beleuchtet und keine einen Anspruch auf Endgültigkeit erhebt. Das ist alles ganz bewußt so gemacht. Bohr wußte, daß unser Denken immer unabgeschlossen ist, und das wollte er offenlegen, nicht verschleiern. Er wußte auch, daß jede Lösung, jedes sogenannte »Ergebnis« nur ein Übergangsstadium auf unserer Suche nach Erkenntnis ist. Dieses Suchen hat es hervorgebracht und wird es schließlich auflösen. Aus diesem Grund sind seine Aufsätze *historische* Aufsätze — sie berichten eine Reihe von Entdeckungen und Irrtümern und bewegen sich allmählich auf den gegenwärtigen Stand der Dinge zu; sie gehen nicht in Richtung von etwas, das eine »endgültige Lösung« wäre. Die Beschreibung von Leistungen der Vergangenheit und »Ergebnissen« der Gegenwart ist genauso vorläufig und unvollendet wie die Beschreibung der Stadien, die zu ihnen geführt haben.

Vergleichen Sie nun Bohr und von Neumann. Ist es nicht fast so, als wären zwei verschiedene Romane über Geschehnisse geschrieben worden, die nur lose in Beziehung zueinander stehen? Und dennoch sind beide Werke Beiträge zu ein und demselben Thema — der Quantenmechanik. Zudem beeinflussen sie dieses Thema nicht bloß durch die *Fakten,* die sie enthalten, sondern auch durch ihren *Stil.* Es war der *Stil* Bohrs und seiner Anhänger, der der älteren Quantentheorie ihren besonderen Geschmack verliehen hat und der verantwortlich war für die unzähligen Entdeckungen, Widerrufe, die gewagten Hypothesen und tiefgehenden Betrachtungen, die diese faszinierende Forschungsperiode kennzeichnen. Die Anhänger von Neumanns haben viele interessante Theoreme mit geringer Anwendbarkeit auf konkrete Fälle bewiesen, während sich die Anhänger Bohrs immer eng an die physikalische Realität gehalten haben, obwohl sie dabei gezwungen waren, Ausdrücke intuitiv und unpräzise zu verwenden. All dies bedeutet, daß die ästhetischen oder »dramatischen« Elemente, die Bohr und von Neumann voneinander unterscheiden, keine bloßen Verzierungen sind, die man vielleicht weglassen sollte, sie sind wesentlich für die Entwicklung der Wissenschaft selbst.

Unterscheidungen von der Art, wie Sie sie erwähnen, müssen, wenn man sie überhaupt machen kann, ganz anders als üblicherweise und mit einem ganz anderen Zweck im Auge gemacht werden. Nehmen Sie die Tragödie, die scheinbar auf der entgegengesetzten Seite des Spektrums liegt. Scheinbar — denn so ist es nicht. Für die Griechen waren *Die Perser* eine dramatische Mahnung an sehr wichtige *historische* Ereignisse; diese Form war aber nicht die einzige, in der historische Ereignisse dargestellt wurden. Aristophanes spricht über die Politik seiner Zeit, sogar über lebende Zeitgenossen, jedoch in einem Stil, der sich sehr von dem des Äschylus unterscheidet. Sie wissen, daß Plato sich gegen die Dichtkunst ausgesprochen hat und daß er sie aus seinem idealen Staat entfernt wissen wollte. Er begründete das damit, daß die Dichtkunst von der wahren Realität ablenkt, Emotionen erzeugt und das Denken trübt. Er ließ aber gelten, daß man vielleicht Argumente für ihre Beibehaltung finden könnte, und forderte »ihre Meister« — das sind seine Worte — »die die Dichtkunst lieben, aber keine Dichter sind,« auf, »für sie in Prosa das Wort zu ergreifen.« Aristoteles hat die Herausforderung angenommen. Die Tragödie, so sagte er, ist philosophischer als die Geschichte; sie berichtet nicht nur, *was* geschehen ist, sie erklärt auch, *warum* es geschehen mußte, und deckt so die Struktur sozialer Institutionen auf. Das ist eine perfekte Beschreibung der *Orestie* des Äschylus. Die Trilogie zeigt, daß Institutionen das Handeln lähmen können. Orest muß seinen Vater rächen — er kann diese Verpflichtung nicht umgehen. Um seinen Vater zu rächen, muß er seine Mutter töten. Seine Mutter zu töten, ist aber ein ebenso schreckliches Verbrechen wie das Verbrechen, das er rächen soll. Denken und Handeln sind gelähmt — es sei denn, wir verändern die Bedingungen, die vorschreiben, was getan werden muß und was nicht — und solch eine Veränderung wird tatsächlich gegen Ende der Trilogie vorgenommen. Beachten Sie die Form des »Arguments«: da ist eine Vorgabe möglicher Handlungen. Jede Handlung führt zu einer Unmöglichkeit. Also wird unsere Aufmerksamkeit auf das Prinzip gelenkt, das die Handlungen fordert und sie dennoch für unmöglich erklärt. Das Prinzip wird aufgedeckt, eine Alternative wird vorgeschlagen. Argumente dieser Art findet man bei Xenophanes und später in einer deutlicheren Form bei Zeno (Paradoxa der Bewegung). Sie liegen einigen modernen Paradoxien der Mengenlehre wie der Paradoxie Russells zugrunde.

Wir können also sagen, daß die Trilogie einen Tatsachenbericht von sozialen Bedingungen mit einer Kritik dieser Bedingungen und dem Vorschlag einer Alternative verbindet. Nach Aristoteles leistet sie sogar noch mehr. Plato hatte sich gegen die Dichtkunst wegen der Emotionen ausgesprochen, die sie weckt. Aristoteles macht darauf aufmerksam, daß die Emotionen eine positive Funktion haben: sie lösen Spannungen, die das klare Denken behindern (Katharsis), und machen es leichter, sich die Strukturen wieder ins Gedächtnis zu rufen, die das Schauspiel aufgedeckt hat, sie machen es leichter, sich seinen philosophischen (i.e. tatsächlich-theoretischen) Gehalt ins Gedächtnis zu rufen. All dies geschieht mit Hilfe einer Geschichte, die für die Griechen ein wichtiger Teil ihrer Tradition und vielleicht sogar ihrer Geschichte war. Nun, mein lieber Freund, wie wollen Sie so ein komplexes Gebilde klassifizieren? Seine äußere Erscheinung macht es zu einem Kunstwerk (oder einem Geschichtsdrama), zumindest nach der Art, wie wir heute die Dinge klassifizieren. Seine *Struktur* (wobei Einzelnamen jetzt, wie von Lévi-Strauss vorgeschlagen, als Variable gelten) macht es zu einer Tatsachenaussage, verbunden mit einer Kritik, die in Übereinstimmung mit einer ziemlich anspruchsvollen Logik geübt wird. Da ist Dramatik, Darstellung von Tradition, Tatsachengehalt, Logik — und ich meine jetzt *formale* Logik und nicht die hirnverbrannte »Logik des ästhetischen Diskurses«, die ein paar Ignoranten uns auftischen wollen — all das vereint in einem starken und anspruchsvollen Gebilde. Die traditionellen Darstellungen liefern oberflächliche Beschreibungen eines winzigen Aspekts vom Ganzen und vernachlässigen den Rest. Das ist der Grund, warum Kunstwerke in der Beschreibung, die ein Ästhetiker oder ein Kunstphilosoph gibt, so kraftlos im Vergleich zum wirklichen Gegenstand wirken und warum uns einfallsreiche Regisseure so oft überraschen können.

Sie könnten jetzt einwenden, daß der Tatsachengehalt, der in einem Drama steckt, nicht *ausgesagt,* sondern eher auf Umwegen *angedeutet* wird. Aber so ein indirektes »Andeuten« ist in der Wissenschaft durchaus nicht ungewöhnlich. Nehmen Sie Bohrs Atommodell von 1913. Wird darin behauptet oder »ausgesagt«, daß das Wasserstoffatom aus einem Kern im Zentrum einer kreisförmigen Umlaufbahn besteht, die ihren Durchmesser abrupt verändern kann? Das ist nicht der Fall, denn Bohr wußte sehr wohl, daß eine solche Aussage falsch wäre, aus theoretischen wie auch aus experimentellen Gründen. Dennoch ist das Modell nicht ohne Tatsachengehalt. Wie kommt es zu diesem Tatsachengehalt? Durch eine komplexe Interpretationsmethode, die zum größten Teil aus Vermutungen besteht (und deshalb nie im Detail niedergeschrieben wurde) und die man später das Korrespondenzprinzip nannte. Genau dasselbe gilt für das Tröpfchenmodell des Atomkerns. Sogar das Element der Falsifizierbarkeit und der Falsifikation, um das ihr Popperianer soviel Aufhebens macht, ist dabei. Letztlich deckt die Trilogie bestimmte Schwierigkeiten auf und beseitigt sie durch eine neue »Hypothese«, durch eine neue Art des Zusammenlebens. Die Prämissen sind nicht fein säuberlich ausgearbeitet wie in den Lehrbuchbeispielen für die Falsifikation, sie müssen gefunden werden. Immerhin macht dies die *Orestie* umfassender, als es die Lehrbücher sind. Sie zeigt uns, wie man die Prämissen finden kann *und* wie sie einzuschätzen sind, und nicht nur das erstere. Ich betone, daß ich unter keinen Umständen dem Falsifikationismus den Vorzug gegenüber einer Methode gebe, die Stabilität gewährleistet — aber es ist interessant zu sehen, daß er mitten in einem »Kunstwerk« auftauchen kann, wo niemand ihn erwartet hätte.

Wenn man nun diese komplexe Eigenschaft der Mythen, Tragödien, der Homerischen Epen betrachtet, fragt man sich, warum jemals der Versuch unternommen wurde, ein abstraktes Gebilde, »das Wissen«, zu schaffen und die Dichtkunst davon zu trennen. Das ist eine höchst interessante Frage, auf die ich eines schönen Tages die Antwort zu finden hoffe. Die allgemeinen Grundzüge der Antwort sind einfach. Wir wissen, daß es in Griechenland eine Zeit gab, in der die Philosophen versuchten, den Platz der Dichter als intellektuelle und politische Führer zu übernehmen. Auf diese Zeit bezieht sich Plato, wenn er von dem »langdauernden Streit zwischen Philosophie und Dichtkunst« spricht. Die Philosophen waren eine neue Klasse mit einer neuen Ideologie, die ziemlich abstrakt war, und diese Ideologie wollten sie zur Grundlage der Erziehung machen. Sie haben nicht mit Argumenten, sondern mit einem Mythos gearbeitet, um die Opposition zu diskreditieren. Ihr Mythos behauptete, (a) daß die Dichtkunst gottlos ist und (b) daß sie ohne Gehalt ist: die »weisen Männer« vorangegangener Zeiten hatten nichts gesagt. Dies ist natürlich eine Vereinfachung, aber ich denke, es trifft ein paar charakteristische Züge des Übergangs.

Das Problem ist nun: Warum waren die Philosophen so erfolgreich? Was hat sie die Oberhand gewinnen lassen, so daß die Dichtkunst am Ende bloß noch Emotionalität oder Symbolik ohne jeglichen Gehalt zu sein schien? Es kann nicht an der Stärke ihrer Argumente gelegen haben, denn die Dichtkunst hatte, *richtig interpretiert,* auch ihre Argumente.

Ähnliche Betrachtungen kann man über den Aufschwung der Wissenschaft des siebzehnten Jahrhunderts anstellen. Hier war die treibende Kraft der Aufschwung neuer Klassen, die vorher vom Streben nach Wissen ausgeschlossen waren und die den Ausschluß zu ihrem Vorteil umkehrten, indem sie behaupteten, *sie* seien im Besitz der Wahrheit, und nicht ihre Opponenten. Wieder wurde diese Idee von allen akzeptiert, in den Künsten, in den Wissenschaften, in der Religion, so daß wir jetzt eine Religion ohne Ontologie haben, eine Kunst ohne Inhalt und eine Wissenschaft ohne Sinn. Aber ich schweife vom Thema ab. Was ich hervorheben wollte, ist, daß die

Klassifikationen, auf die Sie sich stützen, vielleicht die ausgetrockneten *modernen Produkte* dieser alten Macht-kämpfe beschreiben können (moderne Märchen wie die Oscar Wildes; moderne Mythen wie den Marxismus des zwanzigsten Jahrhunderts oder die moderne Astrologie; moderne Wissenschaften wie die Soziologie), nicht aber die *alten Gegner* dieses Machtkampfes (alte Mythen, Mär-chen etc.) und jene Beispiele der modernen Zeit, die noch eine Spur von der Komplexität des alten Materials behalten haben (wie die von Bohr, Lévi-Strauss, C.G. Jung betriebene Wissenschaft). Und die Moral: Man sollte einer Ansicht nicht einen Tatsachengehalt absprechen, weil sie bei der Unterscheidung in die Mythos-Dichtung-Religion-Schublade zu fallen scheint. Untersuchen Sie jeden Fall auf seine eigenen Verdienste hin, und die Über-raschungen werden kein Ende nehmen ... Aber Sie sind ganz still und nachdenklich geworden. Es kann doch nicht sein, daß ich Sie endlich überzeugt habe!

A: Sie haben mich davon überzeugt, daß die speziellen Ar-gumente falsch waren, die ich gebracht habe, um zu zei-gen, daß Enoch und ähnliche Geschichten nicht den Tatsachen entsprechen können, aber ich glaube nicht, daß meine Zweifel unbegründet waren. Ganz im Gegen-teil — ich glaube, ich habe jetzt ein viel besseres Argu-ment als vorher. Sehen Sie, *vorher* war ich bereit einzu-räumen, daß die Erfinder dieser Geschichten ziemlich einfallsreich waren, daß sie große Dichter waren, daß sie aber rationale Menschen, keine Wahnsinnigen waren. Wenn ich Ihre Geschichten nun wörtlich nehme und ih-nen Erfahrungsgehalt gebe, sehe ich mich zu dem Schluß gezwungen, daß sie verrückt gewesen sein müssen. Denn was wird uns in diesen Geschichten erzählt? Da ist die Rede von den Taten von Göttern, Dämonen und anderen seltsamen und ungeschlachten Wesen, da scheint kein Bewußtsein von den einfachsten Kausalgesetzen zu sein, während phantastische Zusammenhänge konstruiert werden wie der zwischen Regentänzen und Wetter, da gibt es Orakel und die Annahme, daß die Menschen diese Orakel in ihren Alltagsangelegenheiten benutzten und so weiter. Diese Art von Geschichten kommt sogar bei den Griechen vor, die sicherlich eins der rationalsten Völker waren, die es je gab, die Augen im Kopf hatten und einen Verstand, um schlau zu werden aus dem, was sie sahen. Ich ziehe es vor, davon auszugehen, daß ihre Weltanschauung ihren Fähigkeiten entsprochen hat, und so ziehe ich es vor, ihre *Mythen* als *Dichtkunst* zu interpretieren. Sie, der an die rationale Einheit der Menschheit zu glauben scheinen und sich mehr als einmal gegen die Idee wandten, die Menschen seien erst in hellenistischer Zeit intelligent geworden, als die Wissenschaften ziemlich weit vorangeschritten waren, Sie sollten die Stärke dieses Arguments einsehen.

B: Das ist wirklich eine merkwürdige Art zu argumentieren. Aber ich habe es inzwischen aufgegeben, von einem Rationalisten ein rationales Verhalten zu erwarten.

A: Was wollen Sie damit sagen?

B: Das wissen Sie nicht? Nun, lassen Sie es mich ganz genau erklären. Sie wollen mich davon überzeugen, daß bestimmte Geschichten wie die Geschichte von Enoch unmöglich einen Tatsachengehalt haben können. Was machen Sie also? Analysieren Sie sie genauer? Nein. Sie erzählen die Geschichte auf abfälligste Art und Weise und *unterstellen,* daß nur ein Wahnsinniger sie für wahr halten könnte. Es überrascht mich nicht, wenn ich derartige Verfahrensweisen an der London School of Economics vorfinde, wo elementares Argumentieren nach drei Generationen von kritischem Rationalismus auf ein paar Standardrituale abgesunken ist. Aber ich dachte, daß Sie ein etwas vernünftigerer Mensch sind und nicht ganz so fest gebunden an die Schwüre der Getreuen. Muß ich Ihnen wirklich sagen, daß das, was Sie vorbringen, kein Argument ist, und muß ich Sie daran erinnern, daß dies genau die Art und Weise ist, in der die weniger intelligenten Gegner Galileis mit seiner Astronomie umgegangen sind?

A: Der Fall Galilei ist hier ganz unerheblich. Galilei hat die Wissenschaft *begründet* und war daher natürlich in einer schlechteren Lage, als wir es heute sind. Uns steht ein großes Maß an solider wissenschaftlicher Erkenntnis zur Verfügung, und wir können Ansichten kritisieren, indem wir sie mit diesem Wissen vergleichen. Das ist es, woran ich gedacht habe, aber vielleicht war ich zu schnell für Sie. Und nachdem ich diese einfache Kritik geübt habe, warum sollte ich mich da nicht über einen Gegner lustig machen, der zu dumm ist, zu begreifen, worum es geht?

B: Vielleicht ist das, »worum es geht«, wie Sie es nennen, nicht so einfach, wie Sie denken. Sie sagen, wir können Mythen kritisieren, indem wir sie mit einem »großen Maß an solider wissenschaftlicher Erkenntnis« vergleichen. Ich fasse das so auf, daß es für jeden Mythos, den Sie kritisieren wollen, eine sicher bestätigte wissenschaftliche Theorie gibt oder ein Gebäude sicher bestätigter wissenschaftlicher Theorien, die im Widerspruch zu dem Mythos stehen und Teil der »wissenschaftlichen Erkenntnis« sind. Wenn Sie nun die Sache ein bißchen mehr aus der Nähe betrachten, dann müssen Sie zugeben, daß spezifische Theorien, die unvereinbar mit einem interessanten Mythos sind, äußerst schwer zu finden sind. Wo ist die Theorie, die mit der Idee unvereinbar ist, daß Regentänze Regen bringen? Diese Idee läuft natürlich einigen elementaren *Überzeugungen* der großen Mehrheit unter den Wissenschaften zuwider, aber soweit ich sehen kann, haben diese Überzeugungen noch nicht in *spezifischen Theorien* Ausdruck gefunden, die man dazu benutzen könnte, die Mythen auszuschließen. Alles, was dabei herauskommt, ist ein vages, aber sehr starkes *Gefühl,* daß Regentänze in der Welt der Wissenschaft unmöglich funktionieren können. Es gibt auch keine *Beobachtungen,* die zu der Idee im Widerspruch stehen. Es genügt nicht, wenn wir *heute* beobachten, daß Regentänze wirkungslos sind. Ein Regentanz muß mit der gebührenden Vorbereitung und unter den gebührenden Umständen durchgeführt werden, und diese Umstände schließen die alten Stammesorganisationen und die dazugehörigen geistigen Einstellungen ein. Der Schöpfungsmythos der Hopi macht es sehr deutlich, daß der Mensch mit der Auflösung dieser Organisationen die Macht über die Natur verloren hat. Die Idee von der Wirksamkeit des Regentanzes einfach deshalb abzulehen, weil der Regentanz unter den gegenwärtigen Umständen nicht funktioniert, ist dasselbe, wie das Trägheitsgesetz einfach deshalb abzulehnen, weil kein Gegenstand zu sehen ist, der sich mit konstanter Geschwindigkeit auf einer geraden Linie bewegt.

Hier waren die Gegner Galileis in einer viel besseren Position. Sie hatten Theorien, ausformulierte Theorien, und nicht bloß vage Gefühle darüber, was »wissenschaftlich« ist und was nicht, und sie hatten Tatsachen. Tatsachen und Theorien gaben zusammen ein »großes Maß an solider wissenschaftlicher Erkenntnis« von der Art, wie Sie sie bewundern, und dieses Wissen stand im Widerspruch zu Galileis Ansichten. Die Einwände gegen Galilei waren viel stärker als Ihre Einwände *vis-à-vis* den uns überliefer-ten Mythen. *Und dennoch wurden sie zunichte gemacht.*

Es ist also nicht nur so, daß Ihnen das Material für eine angemessene Kritik des Regentanzes *fehlt,* Sie haben auch falsche Vorstellungen darüber, wie solches Material *ver-wendet werden sollte.* Die besten unter Galileis Gegnern kannten außerdem seine Ansichten sehr gut, sie waren ausgezeichnete Astronomen. Wer von euch Rationali-sten hat je mit gleicher Sorgfalt die Ansichten unter-sucht, die Sie so ungeniert verdammen? Ich weiß natür-lich, daß es nicht reicht, Sie bloß zu tadeln, deshalb will ich Ihnen ein paar Beispiele geben für das, was Sie finden könnten, wenn Sie sich die Bereiche, die Sie jetzt so völ-lig ablehnen, aus größerer Nähe betrachten. Nehmen Sie die Idee, daß Kometen auf Kriege hindeuten. Eine über-aus lächerliche Idee — nicht wahr? Ohne Sinn und Ver-stand. Reines Vorurteil. Sehen wir uns die Sache aber ein bißchen näher an. Kometen wurden als atmosphärische Phänomene betrachtet, als eine Art Feuer in den oberen Schichten, der Atmosphäre. Wenn diese Annahme nun wahr ist, dann zieht ein Komet Stoffe zu den oberen Schichten und es entstehen weitreichende atmosphäri-sche Bewegungen, die am Boden anfangen und bis nach ganz oben reichen. Solche Bewegungen können Stürme auslösen, und sie können sich auch in einer Färbung der Atmosphäre bei Abend- oder Morgendämmerung mani-festieren, je nachdem, auf welcher Seite der Sonne der Komet steht. Wissen Sie noch, neulich sah es aus, als ob Feuer über dem ganzen Mount Tamalpais wäre, und die Blätter bekamen eine dunkle und satte Schattierung. Dieses Phänomen meine ich. Die Bewegungen der At-mosphäre und das äußerst starke Feuer darin werden au-ßerdem ihre normale Zusammensetzung durcheinanderbringen und den Stoffwechsel von Menschen und Tieren beeinflussen. Tiere sind besonders sensibel und bemerken die Veränderung lange bevor der Komet sichtbar wird, genauso wie sie Erdbeben im voraus bemerken. Es brechen auch leichter Seuchen aus, das Aufheizen der Luft führt zu einer entsprechenden Erhitzung der Gemüter, es führt zu einer Zunahme unverantwortlicher Entscheidungen bei den Machthabern, und das bedeutet: Krieg. Nun ist es durchaus möglich, daß vier oder fünf verschiedene Kometen von den beschriebenen Phänomenen begleitet werden. Tatsächlich hat Kepler, der eine beträchtliche Menge des eben beschriebenen Materials zusammengetragen hatte, solche Zusammenhänge bemerkt und sie bei seinem Versuch, eine empirische Astrologie zu schaffen, benutzt. So bestätigt sich die Grundannahme über die Kometen. Diese Annahme ist aber auch theoretisch plausibel, denn sie stimmt mit der Elemententheorie überein, die ihrerseits ein gutes qualitatives Bild makroskopischer Phänomene liefert. Da dies der Fall ist, wird man keine Einwände haben, wenn man auf ein paar widerspenstige Fälle stößt — schließlich werden sogar in unserer Wissenschaft oft widerlegende Beobachtungsergebnisse bis auf weitere Untersuchungen ad acta gelegt. Als Resultat haben wir eine Hypothese, eine Verbindung zwischen Kometen und Kriegen, die auf den ersten Blick absonderlich und lächerlich scheint, die aber bei weiterem Nachforschen theoretische Bestandteile und Beweise zutage fördert, die sie rational machen, wenn man von dem zur Zeit gegebenen Material ausgeht, die aber nicht akzeptabel ist, wenn wir anderes und, wie wir meinen, besseres Material verwenden. Nennen wir diese Art von Hypothese Hypothesen vom Typ *A*. Nehmen wir nun die Idee, daß die Welt voll von

Göttern ist, daß die Götter sich in physikalische Phänomene einmischen und sich gelegentlich dem Menschen
zu erkennen geben. Noch ein Hirngespinst, noch eine
Träumerei, sagen Sie. Lassen Sie uns sehen. — Sind Sie
schon mal richtig zornig gewesen?

A: Schon oft! Besonders . . .

B: Erzählen Sie es mir nicht. Jetzt: Wie haben Sie Ihren
Zorn erlebt?

A: Wie meinen Sie das?

B: Nun, haben Sie ihn wie etwas erlebt, das Sie selbst erzeugt haben, oder wie etwas, das von außen in Sie hinein-
kam, und mit »von außen« meine ich nicht: durch die
Haut hindurch. Ich meine, hat es sich angefühlt, als ob es
aus Ihrem Inneren kam oder als ob es etwas Fremdes war,
das Ihnen zustieß?

A: Ich weiß es gar nicht — und das ist seltsam, denn ich bin
sehr zornig gewesen, und zwar vor ganz kurzer Zeit . . .

B: Wieder eine schöne Theorie weniger!

A: Was für eine Theorie?

B: Die Theorie, daß der Zorn ein geistiges Geschehen ist
und daß wir mit allen Zügen eines geistigen Geschehens
direkt vertraut sind. Kennen Sie ein Phänomen mit dem
Namen »subjektives Augengrau«?

A: Nein.

B: Sie gehen in einen dunklen Raum. Sie gewöhnen sich an
die Dunkelheit. Wenn Sie sich schließlich an das Dunkle
gewöhnt haben, ist Ihr Gesichtsfeld nicht absolut dun-
kel, es ist eine Art Grau, in der Form eines Zylinders, dessen Mittelachse Ihr Körper ist.

A: Ah, jetzt fällt es mir wieder ein — ich habe einmal bei einem Experiment für Dunkelanpassung mitgemacht, und
der Mann sagte mir, ich solle beschreiben, was ich nach
einer halben Stunde in dem Raum sah.

B: Und was haben Sie gesehen?

A: Ein paar helle Punkte hier und da, aber keine Spur von Ihrem Zylinder. Man sagte mir, daß das zu erwarten war, und man brachte mir bei, das Phänomen zu sehen. Das Training dafür war ganz interessant. Der Versuchsleiter hielt einen aufgeheizten Draht in das Gesichtsfeld, er hatte ihn aber nicht genügend aufgeheizt, um ihn rot glühen zu lassen. Er sah grünlichgrau aus — die Strahlung war zu schwach, um die Farbrezeptoren zu stimulieren, so sagte er. Dann sollte ich auf die nähere Umgebung des Drahts achten, rechts und links davon. Ich bemerkte, daß das Glühen nicht da aufhörte, wo der Draht zu Ende war, sondern weiterging und zum Hintergrund zu schwächer wurde, je größer der Abstand vom Draht wurde. Dann hat man den Strom so weit abgedreht, daß der Draht nicht mehr zu sehen war. Das Glühen blieb trotzdem, und jetzt kann ich es jedesmal nach einer Dunkelanpassung sehen. Es sieht sogar wie eine natürliche Oberfläche aus, wie der Himmel an einem klaren Sommerabend. Ich habe außerdem das eigenartige Gefühl, daß dies Phänomen schon die ganze Zeit da war, daß ich aber zu beschränkt war, um es zu bemerken. Wie Nachbilder, die sich ständig mit unserer Sicht vermischen, auf die wir aber erst durch spezielle Methoden aufmerksam gemacht werden müssen.

B: Eine ausgezeichnete Beschreibung einer wirklich großartigen Reihe von Ereignissen! Sie fangen mit ein paar undeutlichen Eindrücken an, man schult Sie, und Sie stehen schließlich vor einem Phänomen, das fast wie die Wahrnehmung eines natürlichen Gegenstandes erscheint.

A: Ja, und das erinnert mich an ein anderes Mal, wo etwas Ähnliches passiert ist. Vor langer Zeit wollte ich Biologe werden; mein Vater kaufte mir ein ziemlich teures Mikroskop, und als ich hineinsah, glaubte ich, man hätte mich betrogen. Die Bilder in den Biologiebüchern waren so klar, aber ich sah nichts, was dem auch nur entfernt ähnelte. Da war ein Chaos von Linien und Bewegungen, und ich war nicht einmal sicher, ob die Bewegungen in meinen Augen stattfanden, die ich anstrengte, um zu erkennen, was ich sehen wollte, oder ob es *objektive Bewegungen* waren ...

B: Wissen Sie, daß die ersten Beobachter, die den Himmel durch ein Teleskop sahen, das, was sie sahen, genauso beschrieben haben?

A: Das wußte ich nicht. Galilei drückt sich nicht so aus, wenigstens nicht soweit ich mich erinnere ...

B: Nein, er drückt sich nicht so aus, denn nicht jeder erlebt dasselbe Phänomen unter denselben Umständen. Was er sah, war ganz eindeutig, aber nicht weniger illusorisch — sehen Sie sich mal seine Zeichnung vom Mond hier im *Sidereus Nuncius* an.

A: Erstaunlich — was ist das für ein Riesenloch da in der Mitte des Mondes?

B: Das ist das, was Galilei gesehen, beschrieben und gezeichnet hat. Es wird Sie nicht überraschen zu hören, daß andere Beobachter etwas völlig anderes gesehen haben, und daß er seine Gegner nicht sofort von der Wirklichkeit der »Mediceischen Planeten«, wie er die Jupitermonde nannte, überzeugen konnte. Er gab Anweisungen, wie sie durch das Teleskop schauen sollten, er sagte ihnen, was zu erwarten sei, aber nur einige Leute sahen das, was er gesehen hatte, und auch sie waren von der Wirklichkeit der Phänomene nicht überzeugt. Aristoteles hat all diese Probleme vorausgesehen, und die merkwürdige und zweideutige Natur der ersten teleskopischen Beobachtungen hätten ihn keineswegs überrascht. Nach Aristoteles wandern die Formen eines Objekts durch ein Medium hindurch zum Wahrnehmungssinn des Beobachters. Eine erste Bedingung für eine klare und wirklichkeitsgetreue Wahrnehmung ist die Abwesenheit von Störungen in dem Medium. Weiterhin nimmt man die Dinge nur unter bestimmten »normalen« Umständen, unter denen die Sinne den Objekten angepaßt sind, richtig wahr. Im Fall der teleskopischen Sicht ist keine dieser Bedingungen erfüllt. Es war daher ebenso gerechtfertigt, daß die Aristotelianer sich weigerten, durch ein Teleskop zu sehen und das Gesehene ernst zu nehmen, wie es für einen modernen Physiker gerechtfertigt wäre, sich zu weigern, das Resultat eines Experiments zu akzeptieren, das mit unbekannten Geräten durchgeführt wurde. Diese Tatsachen werden in historischen Berichten so gut wie nie erwähnt. Die Wissenschafts- und Philosophiehistoriker machen so gut wie nie von der Psychologie der Wahrnehmung Gebrauch. Aber fahren Sie jetzt bitte fort mit Ihrer Geschichte, die einige wichtige Prinzipien dieses Themas veranschaulicht.

A: Nun ja, als ich nicht sah, was ich erwartet hatte, beklagte ich mich bei meinem Biologielehrer. Er beruhigte mich und sagte mir, das ginge jedem so, und daß ich erst *lernen müsse* zu sehen. Er begann mit einfachen Dingen, einem Haar, einem Sandkorn, und er ließ mich die niedrigste Vergrößerung benutzen. Da gab es keine Schwierigkeiten. Er ließ mich die Vergrößerung erhöhen, immer noch mit denselben Gegenständen. Ich habe einen Mordsschreck bekommen: mein eigenes Haar sah aus wie ein kosmisches Seil, das sich über einen riesigen Himmel spannte — aber ich konnte es gut sehen. Und so ist es langsam weitergegangen mit immer komplizierteren Objekten, und heute erkenne ich nicht nur die kompliziertesten Organismen, ich bin auch außerstande, das anfängliche Chaos wiederzuerkennen. Alles was ich unter dem Mikroskop sehe, ist jetzt für mich ganz entschieden objektiv und wohlgestaltet.

B: Lassen Sie uns jetzt wieder auf Ihr Erlebnis mit dem Zorn zurückkommen. Sie haben zwei Lernprozesse des Sehens beschrieben. In beiden Fällen haben Sie mit einem undeutlichen Eindruck angefangen, der eindeutig subjektiv war, und kamen bei einem gut strukturierten, objektiven Phänomen an. Und jetzt verwende ich die Wörter »subjektiv« und »objektiv«, um zu beschreiben, wie die Dinge für Sie *ausgesehen* haben, nicht wie sie tatsächlich *waren*. Das subjektive Hintergrundgrau sah, wie Sie sagten, »sogar wie eine natürliche Oberfläche aus, wie der Himmel an einem klaren Sommerabend«, obwohl wir beide uns einig sind, daß es hier keine solche Oberfläche gibt. Meinen Sie, daß Ihre Zorngefühle in ähnlicher Weise verändert werden könnten?

A: Da bin ich sicher. Wir sagen ja schließlich, jemanden »hat der Zorn gepackt« oder »die Trauer überwältigt«, und das deutet darauf hin, daß das Erlebnis von Zorn und Trauer irgendwann viel entschiedener objektiv gewesen sein muß, als das heute der Fall zu sein scheint.

B: Würde es Sie überraschen, daß die Griechen Zorn und Träume wie objektive Ereignisse erlebt haben, die ihnen, manchmal gegen ihren Willen, zustießen?

A: Das würde mich überhaupt nicht überraschen.

B: Lassen Sie uns jetzt einen Schritt weiter gehen. Als Sie das erste Mal ins Mikroskop schauten, hatten Sie da eine Vorstellung von dem, was Sie sehen würden?

A: Selbstverständlich. Ich hatte Biologiebücher gelesen mit schönen Bildern von allen möglichen schrecklichen Kreaturen.

B: Und obwohl diese Bilder sehr deutlich waren, haben Sie nichts auch nur entfernt Ähnliches gesehen, als Sie ins Mikroskop sahen.

A: Ja, das war die große Enttäuschung.

B: Aber man hat Ihnen gezeigt, wie es geht, und Ihre Eindrücke haben sich verändert und sind sicher und objektiv geworden.

A: Ja.

B: Und wenn Sie von klein auf alles durch ein Mikroskop gesehen hätten, wären Ihre Eindrücke von Anfang an sicher gewesen, wenigstens soweit Sie sich erinnern können.

A: Ganz recht.

B: Lassen Sie uns jetzt einen Blick auf die Götter Homers werfen. Gibt es Beschreibungen oder Bilder von ihnen?

A: Ja, die gibt es — die *Ilias* und die *Odyssee* sind voll von Beschreibungen, und überall in unseren Museen gibt es Bilder und Statuen.

B: Und die Beschreibungen und Bilder sind klar und deutlich?

A: Sie sind seltsam — aber mit Sicherheit ganz klar und deutlich.

B: Und trotzdem erleben wir nichts, was ihnen auch nur entfernt ähnelt.

A: Und das hat seinen guten Grund: Es gibt keine Götter!

B: Nicht so schnell, nicht so schnell, mein Freund. Behalten Sie im Auge, daß wir jetzt über Phänomene, nicht über »Wirklichkeit« reden. Und denken Sie auch an Ihre eigene Beschreibung des subjektiven Hintergrundgraus: Es sah aus »wie eine natürliche Oberfläche«, trotz der

Tatsache, daß Menschen in dunklen Räumen nicht von derartigen Oberflächen umgeben sind. Ich wiederhole also: wir haben klare und deutliche Beschreibungen der Götter, aber in unserem Erleben gibt es nichts, was dem Gegenstand dieser Beschreibungen auch nur entfernt ähnelt.

A: Ich schätze, da muß ich Ihnen recht geben.

B: Es gibt im Fall der mikroskopischen Bilder und im Fall des subjektiven Hintergrundgraus ein Training, das Phänomene genau der Art erzeugt, die den Beschreibungen entsprechen. Wir können *lernen,* die Welt in Übereinstimmung mit den Beschreibungen zu sehen.

A: Und jetzt wollen Sie mich davon überzeugen, daß es ein Training gibt, das uns zum Erleben göttlicher Phänomene befähigen kann.

B. Genau — aber wieder ist die Situation durchaus nicht einfach. Denken Sie an die Einschränkung, die ich im Fall der Regentänze gemacht habe: die Zeremonien funktionieren nur, wenn zuerst die gebührenden Umstände geschaffen werden. Es müssen Stammesverbände richtiger Art in Verbindung mit den richtigen Einstellungen da sein. Dasselbe gilt für den vorliegenden Fall. Vielleicht ist es sehr schwierig, vielleicht sogar unmöglich, *Sie* dazu zu bringen, Götter zu sehen oder ihre Macht zu erleben. Die griechischen Götter waren Stammesgötter und Naturgötter. Die sozialen Bedingungen, Ihre Erziehung, der allgemeine Zeitgeist machen es fast unmöglich, ihren ersten Aspekt zu verstehen, ganz zu schweigen von der Möglichkeit, diesen lebendig werden zu lassen — und wo ist die »Natur«, die Ihnen bei dem Versuch helfen würde, ihren zweiten Aspekt zu erkennen?

A: Ist das nicht ein entscheidender Einwand gegen ihre Existenz?

B: Durchaus nicht. Um das Richtige zu sehen, braucht man die richtigen Hilfsmittel. Um entfernte Sternsysteme zu sehen, braucht man Teleskope. Um Götter zu sehen, sind Menschen nötig, die gebührend vorbereitet sind. Sternsysteme verschwinden nicht, wenn Teleskope verschwinden. Götter verschwinden nicht, wenn Menschen die Fähigkeit verlieren, mit ihnen in Verbindung zu treten. Es wäre genauso dumm, zu sagen »Gott ist tot« oder »Der große Pan ist tot«, weil sie nicht mehr erlebt werden, wie zu sagen, daß es keine Neutrinos gibt, weil wir kein Geld mehr haben, um Reynes' Experiment zu wiederholen.

A: Im Fall des Neutrinos haben wir überzeugende *indirekte* Beweise . . .

B: Weil wir Theorien, äußerst komplexe Theorien darüber haben. Wie üblich rollen Sie das Argument vom falschen Ende her auf. Sie sagen: es gibt weder direkte noch indirekte Beweise für die Götter, also sollten wir darüber nicht theoretisieren. Es ist aber klar, daß indirekte Beweise dies *für eine Theorie* sind, also muß es erst eine Theorie geben, und die Theorie muß ziemlich komplex sein, sonst würden wir schwerlich von *indirekten* Beweisen reden. Das heißt, wir müssen mit dem Aufstellen komplexer Theorien beginnen, bevor überhaupt die Frage nach indirekten Beweisen gestellt wird. Direkte Beweise sind aber von den Hilfsmitteln oder von gut vorbereiteten Beobachtern abhängig — und wie sollen wir die Hilfsmittel konstruieren oder die Beobachter vorbereiten, wenn es keine Theorie gibt, die uns leitet? Aber um auf die Frage zurückzukommen, wie man in die Lage versetzt werden kann, die Götter zu erleben. Wie ich Ihnen schon gesagt habe, ist es vielleicht unmöglich, Sie dazu zu bringen, Götter zu *sehen* oder ihren Einfluß zu *erleben,* aber vielleicht ist es möglich, Sie dazu zu bringen zu *verstehen,* wie Menschen in den richtigen Lebensumständen starke Erlebnisse von der Gegenwart der Götter haben können. Lassen Sie mich mit dem anfangen, was Sie über Ihren eigenen Zorn gesagt haben. Sie haben gesagt, daß Sie oft zornig sind, sogar sehr zornig, daß Sie aber nicht wissen, ob der Zorn, den Sie erlebt haben, etwas »Objektives« war, das sich Ihnen gegen Ihren Willen aufgezwungen hat, oder ob es ein Teil von Ihnen selbst war.

A: Ich glaube, ich muß meine Beschreibung korrigieren, denn jetzt, wo die Frage gestellt ist, scheinen die Phänomene ein bißchen eindeutiger zu sein.

B: Was meinen Sie damit? Hat sich Ihr Zorn verändert: oder hat sich die *Erinnerung* an Ihren Zorn verändert?

A: Es ist fast so, als wäre mein Zorn, im Nachhinein betrachtet, eins von jenen zweideutigen Bildern, die man einmal so und einmal anders sehen kann. Etwas hat sich verändert — und man weiß nicht genau, was. Und das gilt, glaube ich, für alle Erlebnisse. Wissen Sie, es gab eine Zeit, da war ich trotz aller Versuche, meine Privatangelegenheiten rational anzugehen, völlig von meinen Emotionen beherrscht, von sehr seltsamen Emotionen ...

B: Erzählen Sie mir nicht, daß Sie wegen einer Frau den Kopf verloren haben!

A: Nicht wegen einer, wegen vieler. Und das nicht ein Jahr lang oder zwei, sondern fast fünfzehn Jahre lang ...

B: Ja sowas! Ein kritischer Rationalist am Gängelband von Emotionen! Ich hab's ja immer schon gesagt: der Verstand ist Sklave der Leidenschaften ...

A: Das ist er nicht — genau das will ich Ihnen ja gerade sagen. Sehen Sie, was mich an diesem Gefühl, das man »Liebe« nennt, so erstaunt hat, war seine Unfaßbarkeit. Es war eine starke Kraft, die meine Handlungen dirigierte, aber jeder Versuch, Einsicht in die *Qualität* dieser Kraft zu gewinnen, ihr »Gesicht« zu entdecken, hatte zur Folge, daß sich ihr Charakter plötzlich und unvorhersehbar veränderte und ich ohne etwas Eindeutiges oder etwas, womit ich mich abfinden konnte, dastand. Zum Schluß ist mir das ziemlich auf die Nerven gegangen ...

B: Das kann ich mir vorstellen!

A: ... und ich habe mich gefragt, ob es eine Möglichkeit gibt, dieses Phänomens sozusagen habhaft zu werden, ihm Gestalt zu geben, es sicher und verständlich zu machen. Ich dachte an Psychoanalyse, denn ich hatte gehört, daß sie nicht nur die Einstellung zu geistigen Phänomenen ändert, sondern auch die geistigen Phänomene selbst, aber alle Psychoanalytiker, die ich aufsuchte, waren derartige Idioten, daß ich die Idee aufgab. Dann bin ich zufällig auf eine Geschichte von Heinrich Heine gestoßen, in der er ein Gefühl beschreibt, das als starke Anziehung beginnt, sich in Abscheu verwandelt, ohne dabei seine Anziehungskraft zu verlieren, und ist mir klar geworden, daß ich genau das in einem bestimmten Fall erlebt hatte. Das Lesen der Beschreibung hat mein Erleben verändert, ohne es wirklich zu ändern, und ich habe *verstanden,* was bei dieser bestimmten Affäre vor sich gegagen war. Ich las andere Dichter: Byron, den Heine bewunderte, Grillparzer, Jean Paul, Oscar Wilde, Marinetti, sogar Goethe, und ich habe dabei wahre Handbücher phänomenologischer Beschreibungen von seltsamen Prozessen gefunden, *die nur kraft dieser Beschreibungen wirklich wurden.* Ich glaube, jetzt stimme ich mit Börne überein, der sagte, die Geschichte sei nicht ohne den Historiker, der das Geschehene *aufschreibt* und so *die Geschehnisse gestaltet,* sie *definiert,* sogar für die Beteiligten.

B: Das ist genau die Situation, die ich meine. Die meisten unserer Gedanken, Gefühle, Wahrnehmungen sind erstaunlich schlecht definiert. Wir bemerken diesen Mangel an Eindeutigkeit nicht, genauso wie wir den blinden Fleck in unserem Auge nicht bemerken: alles scheint völlig klar. Aber sobald jemand eine ungewöhnliche Frage stellt oder eine ungewöhnliche Darstellung seiner Erlebnisse gibt, erkennen wir, daß sich in dieser scheinbaren Klarheit nur Unwissenheit und Oberflächlichkeit widerspiegeln. Dennoch ist das unstrukturierte Material, das unser Bewußtsein darstellt, verbesserungsfähig, man kann ihm durch Fragen, Beschreibungen, systematische Darstellungen, Erziehung, eine eindeutigere Form geben. Genauso wie der Bildhauer mit einem ungeformten Marmorblock anfängt, ihn bearbeitet, bis er uns schließlich eine schöne und komplizierte Statue präsentiert, so beginnt auch der Erzieher mit dem ungeformten Geist seiner Schüler und prägt ihm die Ideen und Phänomene auf, die er für wichtig hält. Wir gehen durch einen tiefen Wald; auf einmal lichtet sich der Wald, wir finden uns auf der Spitze eines Berges wieder und blicken auf eine weite Landschaft. Wir haben ein Gefühl von ehrfürchtiger Scheu. Dieses Gefühl ist nicht sehr klar umrissen, es ist wie eine flüchtige Stimmung. Angenommen, wir sind in dem Glauben an einen Gott erzogen worden, der das Universum nicht nur geschaffen hat, sondern der auch in ihm präsent ist, um es zu schützen, um seine fortdauernde Existenz zu gewährleisten. Wir sehen nicht mehr eine Ansammlung materieller Objekte, wir sehen ein Stück göttlicher Schöpfung, und unser Gefühl ehrfürchtiger Scheu wird zu einer objektiven Wahrnehmung göttlicher Elemente in der Natur. Oder nehmen wir an, Sie gehen nachts durch einen Wald, weit weg von den Straßen und den Lichtern einer Stadt. Sie sehen dunkle Schatten, hören merkwürdige Geräusche, Sie haben das Gefühl, der Natur nahe zu sein, daß die Natur »zu Ihnen spricht«. Normalerweise ist dieses Gefühl subjektiv und sentimental, man hat Gedichte gelesen, die »sie zum Sprechen bringen«, und die vagen Erinnerungen an solche Gedichte vermischen sich mit den noch vageren Eindrücken der Gegenwart und erzeugen eine undeutliche und unklare Geistesverfassung. Nehmen Sie demgegenüber an, Sie sind in dem Glauben erzogen worden, daß der Wald voll von Geistern ist, Sie sind, als Sie jung waren, recht oft darin umhergelaufen, Ihre Eltern haben Ihnen das Wesen der Geräusche erklärt, das Wesen der Geister, die sie erzeugen, und Ihnen die überlieferten Geschichten erzählt. Das gibt den Eindrücken Substanz, verwandelt sie in deutlichere Phänomene, so wie das Training in der Biologie den vagen mikroskopischen Bildern Substanz gibt. Wenden Sie sich jetzt dem Inneren zu. Da gibt es Gedanken, Gefühle, Ängste, Hoffnungen, Erinnerungen, allesamt vage und unstet in dem Sinn, daß wir nicht wissen *oder überhaupt danach fragen,* ob sie aus uns heraus oder aus einer anderen Quelle kommen — sie scheinen weder zum Ich noch zur objektiven Welt zu gehören. Nehmen Sie aber an, man hat Sie gelehrt, daß die Götter zu Ihnen sprechen können, während Sie wach sind oder in Träumen, daß sie Ihnen Kraft geben können, wenn Sie es am wenigsten erwarten, daß sie Sie zornig machen, so daß Sie ihre Pläne mit größerer Leidenschaftlichkeit ausführen, nehmen Sie an, Sie seien daran gewöhnt worden, auf ihre Stimmen zu hören, eindeutige Antworten zu erwarten, und daß Ihnen Beispiele für solche Antworten gegeben worden sind — unter all diesen Voraussetzungen würde Ihr Innenleben wieder eindeutiger werden, es würde aufhören, ein kaum bemerktes Zusammenspiel nebelhafter Gestalten zu sein, es würde ein Schlachtfeld der klaren und deutlichen Handlungen von Göttern werden. Ein Blick auf die griechische Literatur läßt uns erkennen, daß dies tatsächlich die Art war, in der die Griechen ihre Umwelt erlebt haben, und auch ihr »Innenleben«. Sie erlebten das materielle Universum als eine Welt voll von Göttern. Die Götter waren nicht bloß phantastische Ideen, sie waren Teil der Phänomenwelt. Das Erleben des Selbst war ebenfalls ein Erleben göttlicher Kräfte und Botschaften, und zwar in solchem Ausmaß, daß die Vorstellung eines autonomen Selbst, ja sogar des menschlichen *Körpers* als Einheit, den Griechen zu Homers Zeiten fast unbekannt war.

Bis jetzt habe ich nur über *Phänomene* gesprochen. Nun stützen die Phänomene, die ich beschrieben habe, erheblich die *Hypothese,* daß »Alles voll von Göttern« ist, wie Thales sich ausgedrückt haben soll. Diese Hypothese unterscheidet sich von der Hypothese über Kometen, die ich vorher erwähnt habe, und daher werde ich sie eine Hypothese vom Typ *B* nennen. Die Hypothese über Kometen kann durch die Forschung verändert werden, zum Beispiel durch Entfernungsmessungen, wobei die Phänomene und grundsätzlichen Begriffe unverändert bleiben. Aber die Forschung allein kann die Götter-Hypothese nicht verändern. Dafür müssen wir neue Begriffe einführen, die der Homerischen Welterfahrung widersprechen, und wir müssen auch beginnen, die Dinge anders zu *sehen.* Wir müssen das farbenfrohe Universum Homers durch die öden Industrieabgase eines Anaximander ersetzen, wir müssen seine lebendigen Götter durch das totalitäre Ungeheuer eines Xenophanes und Parmenides ersetzen, das unseren kritischen Rationalisten so lieb und teuer ist, wir müssen auch unsere Eindrücke anders ordnen, und das bedeutet, daß althergebrachte Phänomene, die Welt der Götter, Geister, Helden *aufgelöst werden müßte*. Und selbstverständlich entfernen wir nicht nur die Götter aus einer materiellen Welt, die ohne Götter existieren kann und deren Verhalten unverändert bleibt, wir führen auch eine *neue Art von Materie* ein, die unfruchtbar und unbewegt und nicht mehr die Stätte lebensschaffender Kräfte ist. Eine *ganze Welt verschwindet* und wird durch völlig andersartige Phänomene ersetzt.

Es gibt noch einen weiteren Hypothesentyp, der in Betracht zu ziehen ist, und vielleicht ist er der interessanteste. Hypothesen dieses Typs — ich werde sie Typ *C* nennen — sind Hypothesen, die sich, obgleich sie in eine mythische Tradition eingebettet sind und in Konflikt mit der Wissenschaft stehen, *als zutreffend erweisen, wenn sie in die wissenschaftliche Sprache übersetzt werden*. Solche Hypothesen sind erst vor ganz kurzer Zeit entdeckt worden, als sich die Akupunktur als erfolgreiche Behandlungsmethode für Leiden erwies, die die westliche Medizin noch nicht einmal diagnostizieren konnte. Das hat zu weiteren Forschungen und der Entdeckung einer großen Zahl verschiedener medizinischer »Schulen« geführt, von denen jede über ein Wissen verfügt, das der Wissenschaft fehlt. Das Wissen ist vielleicht nur praktisch, aber es kann auch einen beträchtlichen theoretischen Anteil haben. Solche Theorien sind sehr interessant, sie zeigen, daß die Wissenschaft nicht der einzige Weg zur Wissensaneignung ist, daß es Alternativen gibt, und daß die Alternativen da erfolgreich sein können, wo die Wissenschaft versagt hat. Dann ist da das ganze Feld der parapsychologischen Phänomene. Es gibt zwei Gründe, aus denen dieses Feld für unsere gegenwärtige Debatte von Interesse ist. Auf der einen Seite sind viele der in Mythen beschriebenen oder vorausgesetzten Phänomene parapsychologischer Art. Das Studium der Parapsychologie liefert uns daher Material für eine realistische (d.h. nicht literarische) Interpretation von Mythen, Legenden, Märchen und ähnlichen Darstellungen. Die Phänomene scheinen in den Mythen auch viel eindrucksvoller zu sein, als sie es je in unseren Laboratorien sind, woraus wir etwas über die *Bedingungen* lernen können, unter denen starke parapsychologische Wirkungen zu erwarten sind. Einige Mythen enthalten sogar sachdienliche Erklärungen. Dem Schöpfungsmythos der Hopi nach haben die zunehmende Abstraktion des menschlichen Denkens und das zunehmende Eigeninteresse des Menschen zu einem Auseinanderrücken von Mensch und Natur geführt, und als Folge davon haben die alten, auf Harmonie gegründeten Riten aufgehört, wirksam zu sein. Es braucht uns durchaus nicht zu überraschen, daß unsere alten Vorfahren in der Lage waren, Ideen und Verfahren zu finden, die potentielle Konkurrenten für unsere fortgeschrittensten wissenschaftlichen Theorien sind. Warum sollten sie weniger intelligent gewesen sein als wir? Der Steinzeitmensch war bereits der voll entwickelte *Homo sapiens,* er stand vor enormen Problemen und hat sie mit großem Einfallsreichtum gelöst. Die Wissenschaft wird ständig wegen ihrer Errungenschaften gepriesen. Vergessen wir also nicht, daß die Erfinder von Mythen das Feuer erfunden haben und die Mittel, es zu bewahren. Sie haben Tiere domestiziert, neue Pflanzenarten gezüchtet, Zuchtarten in einem Ausmaß erhalten, das weit über das hinausgeht, was in der heutigen wissenschaftlichen Landwirtschaft möglich ist. Sie haben die Fruchtwechselwirtschaft erfunden und eine Kunst entwickelt, die sich mit den besten Werken des westlichen Menschen messen kann. Unbehindert durch Spezialisation waren sie sich weitreichender Zusammenhänge zwischen Mensch und Mensch und zwischen Mensch und Natur bewußt, und sie benutzten sie zur Verbesserung ihrer Wissenschaft und ihrer Gesellschaft: die beste ökologische Philosophie findet sich in der Steinzeit. Wenn die Wissenschaft für ihre Errungenschaften gepriesen wird, dann muß der Mythos hundertmal nachdrücklicher gepriesen werden, weil seine Errungenschaften unvergleichlich größer waren: die Erfinder des Mythos haben die Kultur *in Gang gesetzt*, die Wissenschaftler haben sie nur *verändert*, und das nicht immer zum Besten. Ein Beispiel habe ich schon erwähnt: der Mythos, die Tragödie, die alten Epen vereingten Emotionen, Tatsachen, Strukturen, und sie hatten einen starken und guten Einfluß auf die Gesellschaften, in denen es sie gab.

Der aufkommende westliche Rationalismus hat diese Einheit zerstört und sie durch eine abstrakte, isolierte und sehr enge Idee von Erkenntnis ersetzt. Denken und Emotion, ja sogar Denken und Natur sind getrennt und willkürlich auf Abstand gehalten worden (»Schaffen wir die Astronomie, ohne auf den Himmel zu achten«, sagte Platon). Für jeden, der lesen kann, ist eine klare Folge daraus, daß die Sprache der Erkenntnis jetzt ärmer wird, nüchtern und formal. Eine weitere Folge ist ein tatsächliches Auseinanderrücken von Mensch und Natur. Natürlich kehrt der Mensch schließlich zur Natur zurück, nach vielen Irrtümern kehrt er zu ihr zurück, aber als ihr Eroberer, als ihr Feind, nicht als ihr Geschöpf. Nehmen wir ein spezielleres Beispiel. Hesiods *Theogonie* enthält eine sehr komplexe und »moderne« Kosmologie: Die Welt einschließlich der Gesetze, die ihre hauptsächlichen Prozesse regeln, ist das Ergebnis einer *Entwicklung*, die Gesetze selbst sind weder ewig noch umfassend, sondern kommen aus einem *dynamischen Gleichgewicht zwischen gegensätzlichen Kräften*, so daß immer die Gefahr einer störenden Veränderung besteht (die Giganten können ihre Fesseln sprengen, Zeus überwinden und ihre eigenen Gesetze einführen), und die Gebilde darin haben einen zweifachen Aspekt, sie sind tote Materie, aber sie sind auch fähig, wie Lebendes zu handeln. Diese Ideen wurden von Xenophanes und Parmenides als irrational kritisiert. Evolutionäre Darstellungen wurden ersetzt durch Erklärungen auf der Grundlage ewiger Gesetze — und das blieb so bis weit ins neunzehnte Jahrhundert hinein! Erst jetzt sind wir zu Evolutionstheorien zurückgekehrt, die sich nicht nur mit begrenzten Entwicklungen *im* Universum beschäftigen, sondern auch mit dem Universum als ganzem, und erst jetzt haben wir den dynamischen Charakter aller Strukturen erkannt. Hier war der Mythos eindeutig besser als spitzfindige, kritische und höchst »rationale« wissenschaftliche Ansichten.

Doch das ist nicht alles. Die Archäologie und besonders die neue Disziplin der Astroarchäologie, die wissenschaftliches Material mit einer neuen und realistischeren Betrachtungsweise des Mythos verbindet, hat den Umfang und den hohen Entwicklungsstand des Steinzeitdenkens entdeckt. Damals gab es eine internationale Astronomie, die in Sternwarten genutzt und getestet, in Schulen von Europa bis zur Südsee gelehrt, bei internationalen Reisen benutzt wurde und die in einer reichen Fachsprache kodifiziert war. Die Fachausdrücke dieser Astronomie waren *soziale*, nicht geometrische Ausdrücke, daher war die Wissenschaft sowohl von den Tatsachen her angemessen als auch vom Emotionalen her zufriedenstellend, sie löste sowohl physikalische als auch soziale Probleme, sie war ein himmlischer Wegweiser und wies auch den Weg zu jener Harmonie zwischen Himmel und Erde, Materie und Leben, Mensch und Natur, die sehr real ist, vom heutigen wissenschaftlichen Materialismus aber übersehen oder sogar geleugnet wird; sie war Wissenschaft, Religion, soziale Philosophie und Dichtkunst in einem. Betrachtet man all dies zusammen, erkennt man, daß die Wissenschaft kein Vorrecht auf Wissen hat. Die Wissenschaft ist eine Quelle des Wissens, ja sogar eine sehr wichtige Quelle — aber Mythen, Märchen, Tragödien, Epen und viele andere Schöpfungen nichtwissenschaftlicher Traditionen sind das auch. Das Wissen, das in diesen Traditionen enthalten ist, läßt sich in die westliche Terminologie »übersetzen«, und dann bekommen wir Hypothesen vom Typ *A*, Typ *B*, Typ *C* — aber in der Übersetzung fehlen die sehr wichtigen »pragmatischen« Elemente des Wissens, in ihr fehlen die Art und Weise der Darstellung, die dadurch hervorgerufenen Assoziationen, und so können wir zwar ihren »empirischen Gehalt« beurteilen, nicht aber die anderen Auswirkungen ihres Gebrauchs, etwa auch auf die Aktivitäten, die die Ansammlung und Verbesserung des Wissens zum Ziel haben. Doch selbst in diesem sehr begrenzten Bereich des empirischen Gehalts hinkt die Wissenschaft oft hinter einigen nichtwissenschaftlichen Sichtweisen her. Nach dieser langen Abschweifung sind wir nun schließlich soweit, daß wir uns diese Sache mit dem Rationalismus und der wissenschaftlichen Methode ansehen können ...

A: Und das allein wird die Angelegenheit klären! All die Probleme, von denen Sie gesprochen haben, besonders die Probleme der Wissenschaft, die Probleme, die sich aus Irrtümern von Wissenschaftlern ergeben, aus ihren besonderen Ideologien, sie zeigen, daß wir gewisse Normen brauchen ...

B: ... und diese Normen sollen von Philosophen entwickelt und der Wissenschaft von außen aufgezwungen werden.

A: Wissenschaftler beschäftigen sich aber selten mit Normfragen, und wenn, dann machen sie Fehler.

B: Und Philosophen machen keine Fehler bei Normen?

A: Natürlich machen sie Fehler, aber sie sind wenigstens kompetent für den Bereich der Normen —

B: Sie machen Fehler, aber sie machen sie fachmännisch — ist das ihr Vorzug?

A: Sie haben Einblick in die Komplexität der Frage.

B: Sie sind ein Optimist — Sie glauben, Wissenschaftsphilosophen hätten eine Ahnung von der Komplexität der Wissenschaft. Dabei sagen sie doch selbst, daß sie sich nicht mit der Wissenschaft beschäftigen, sie beschäftigen sich bloß mit ihren »rationalen Rekonstruktionen«, und »rationale Rekonstruktionen« von Wissenschaft, das ist Wissenschaft in Kinderlogik übersetzt.

A: Sie klären die Wissenschaft ...

B: ... für Analphabeten, die nur eine kindisch einfache Logik und sonst nichts verstehen. Ich meine aber, wenn es darum geht, Leuten durchschnittlicher Intelligenz klarzumachen, was Wissenschaft ist, dann machen das populärwissenschaftliche Autoren wie Asimov viel besser. Jeder, der Asimov liest, weiß ungefähr, was in den Wissenschaften vorgeht, aber jemand, der Popper oder Watkins oder Lakatos liest, wird zwar eine ziemlich einfältige Art von Logik, aber keine Wissenschaft lernen. Selbst wenn die Wissenschaftsphilosophie besser wäre, als sie es zur Zeit ist, würde sie trotzdem das gleiche Problem wie alle Wissenschaften haben: sie setzt Annahmen voraus, die nicht leicht zu kontrollieren sind und die außerhalb der Kompetenz ihrer Benutzer sind. Die Probleme, über die wir reden, werden nicht aus dem Weg geräumt, wenn man zusätzlich zu den Wissenschaften noch eine Wissenschaftsphilosophie einführt, es werden nur *neue* Probleme gleicher Art geschaffen. Die Verwirrung wird größer, sie verschwindet nicht, auch wenn dieser Eindruck entsteht — wegen der Unwissenheit und Einfalt der Philosophen.

A: Nun ja, ich gebe natürlich zu, daß Wissenschaftler und Wissenschaftsphilosophen bereit sein müssen, Neues zu lerenen.

B: Wie nett von Ihnen, das zuzugeben — aber wie wirkungslos auch! Denn gerade die Natur der zur Debatte stehenden Annahmen verhindert, daß die Benutzer das »Neue« lernen, das nötig ist, um sie in der richtigen Perspektive zu sehen.

A: Was meinen Sie?

B: Erinnern Sie sich an Atkinson?

A: Wie könnte ich ihn vergessen?

B: Atkinson war nicht bereit, seine Ansichten über den prähistorischen Menschen aufzugeben. Seine Gründe: er hat die Argumente nicht verstanden, ihm »fehlten die mathematisch-naturwissenschaftlichen Kenntnisse«, wenn ich mich richtig an seine Worte erinnere, und es war »bequemer«, an derselben Stelle zu bleiben. Nun gibt es Annahmen — wie zum Beispiel die, daß Erdgeschehnisse nicht von planetarischen Parametern abhängen —, die durchaus nicht so klar formuliert sind wie diese Ansichten, und es gibt weitere Annahmen — wie die, daß Krankheiten von unmittelbaren Ursachen ausgehen —, deren Alternativen nicht geglaubt und nicht einmal verstanden werden.

A: Wie würde denn eine Alternative aussehen?

B: Eine mögliche Alternative ist, daß Krankheit ein struktureller Prozeß ist, der nicht von einem einzelnen Geschehnis verursacht wird, sondern sich als ein Ganzes aus Prozessen ähnlicher Komplexität entwickelt. Wenn das eine zutreffende Darstellung der Krankheit ist, dann ist die Suche nach der »Lokalisierung«, nach dem *Krankheitsherd**, ein vergebliches Unterfangen und die Verwendung wissenschaftlicher Theorien über solche Ursachen ein Hindernis.

A: Wie kann man denn sonst vorgehen?

B: Ihre Frage ist ein gutes Beispiel für die Wirkung von allgemeinen Annahmen wie die eben erwähnten auf das Denken. Es gibt vieles, was man praktiziert, ohne eine Theorie gelernt zu haben.

A: Zum Beispiel?

B: Eine Sprache. Sie lernen eine Sprache nicht, indem Sie eine Theorie lernen, die sich klar formulieren läßt, Sie lernen sie, indem Sie an einer bestimmten Praxis teilnehmen — Sie gewöhnen sie sich an. Eine Sprache zu lernen ermöglicht Ihnen zweierlei. Es läßt Sie bestimmte *Regelmäßigkeiten* verstehen und verwenden, obwohl Sie sie als solche nicht kennen ...

A: Es sei denn, Sie studieren Grammatik oder Phonetik.

B: Es sei denn, Sie studieren Grammatik oder Phonetik. Und Sie werden auch in der Lage sein, *Eigentümlichkeiten,* individuelle Variationen sowie Abweichungen von der Norm zu verstehen und vielleicht sogar nachzuahmen. Sie können solche Abweichungen sogar neu einführen,

---

* deutsch im Original

Sie können zum Beispiel ein Dichter werden und in der Folge die Regelmäßigkeiten der Sprache, die Sie sprechen, verändern.

A: Ja, aber eine Sprache ist dennoch eine Theorie.

B: Man geht aber in ganz anderer Art und Weise mit ihr um als die Wissenschaftsphilosophen.

A: Grammatiker versuchen, ihre Regelmäßigkeiten klar zu formulieren . . .

B: . . . ohne je eine umfassende Darstellung zustande zu bringen, denn es gibt zuviele Ausnahmen. Außerdem orientieren sich die Formulierungen der Grammatiker an der Sprachpraxis und nicht umgekehrt. Nun gibt es medizinische Systeme, bei denen die Symptome für Krankheit und Gesundheit auf dieselbe Art gelernt werden, wie wir ein Sprache lernen. Der Arzt studiert seinen Patienten, bis er die »Sprache der Symptome« versteht. Dieses Studium unterscheidet sich radikal von dem des wissenschaftlichen Arztes, der schon eine Theorie hat, meistens eine Theorie aus einem anderen Gebiet . . .

A: Was meinen Sie damit: aus einem anderen Gebiet?

B: Die Theorie wird nicht aus der Verallgemeinerung *medizinischer* Erfahrung entwickelt, sie wird aus der Biologie übertragen, aus der Chemie oder sogar aus der Physik.

A: Aber der Organismus ist ein biologisches System.

B: Vielleicht ist er das, vielleicht auch nicht. Zumindest muß sich das Gesamtverhalten eines Organismus nicht nach den Gesetzen der Biologie richten, die auf nichtmedizinische Erfahrung zurückgehen. Darauf kommt man aber gar nicht, denn durch die Übertragung biologischer Gesetze auf die medizinische Praxis achten wir nur noch auf die biologische Evidenz und nicht mehr auf die medizinische: der Bereich falsifizierbarer Tatsachen wird drastisch reduziert ...

A: Jetzt argumentieren Sie wie ein Popperianer.

B: Nur um mich einem Popperianer wie Ihnen verständlich zu machen. Aber es gibt eine viel wichtigere Überlegung, und ich habe sie schon erwähnt: Medizinische Erfahrungen in dem Sinn, wie ich sie jetzt behandle, sind sehr nahe an dem, was der Patient selbst versteht — tatsächlich lernt die Art von Arzt, die ich meine, oft vom Patienten, er fragt ihn, er betrachtet seine Meinung als äußerst wichtig. Und das muß er auch, weil er den Patienten *in dessen Sinn* gesund machen will und nicht im Sinn irgendeiner komplizierten Theorie. Ich habe Ihnen schon gesagt, daß die Vorstellungen über Gesundheit und Krankheit je nach Kultur und je nach Individuum verschieden sind. Heilen heißt: den vom Patienten gewünschten Zustand wiederherzustellen und nicht einen abstrakten Zustand, der von einer theoretischen Warte aus wünschenswert erscheint. Daher hält der Arzt, der mir vorschwebt, eine enge *persönliche* Beziehung mit dem Patienten aufrecht, nicht nur weil er Arzt ist, und weil ein Arzt ein Freund sein sollte, nicht ein Körperklempner, sondern auch weil er persönlichen Kontakt braucht, um sein Handwerk zu lernen: Lernen und persönliche Beziehung gehen Hand in Hand. Der wissenschaftliche Arzt jedoch sieht den Patienten durch die Brille abstrakter Theorien; je nach der Theorie wird aus dem Patienten ein Kanalisationssystem oder ein Molekülaggregat oder ein Sack voll von Flüssigkeiten.

A: Aber man braucht doch eine Theorie, um zu wissen, was wichtig ist und was nicht.

B: Zugegeben. Aber erstens braucht die Theorie nicht in expliziter Form zur Verfügung zu stehen ...

A: Wie können sie dann aber kritisieren?

B: Wie kritisieren Sie Ihr eigenes Verständnis von einer Sprache? Formulieren Sie eine Grammatiktheorie und testen sie dann, oder sprechen Sie einfach und sehen dann, was dabei herauskommt?

A: Das letztere Verfahren ist wohl kaum wissenschaftlich . . .

B: . . . wenn man davon ausgeht, daß Wissenschaft nur mit eindeutig Formulierbarem zu tun hat. Es gibt aber viele versteckte Annahmen, die nicht deutlich zutage treten, die aber einfach dadurch geändert werden können, daß wir unser Verfahren ändern. Der Umgang mit Instrumenten, wie zum Beispiel mit einem großen Teleskop ist sehr oft intuitiv — man gewöhnt sich an die Eigenarten eines Instruments, wie man sich an die Eigenarten eines Autos gewöhnt, und ändert die Gewohnheiten, wenn man Veränderungen in der Reaktion bemerkt — ganz ohne ausdrückliche Theorie. Zweitens werden die Theorien, die der »wissenschaftliche« Arzt mitbringt, aus einem anderen Gebiet eingeführt, sie erwachsen nicht aus der medizinischen Praxis selbst, und deshalb sind sie für das Anliegen des praktizierenden humanitären Arztes, der seine Patienten in *deren* Sinn gesund machen will, oft ohne Bedeutung. Nun sagen Sie vielleicht, daß wir hier zwei Theorien haben, was die Struktur des menschlichen Körpers und die Natur seiner Störungen betrifft, und daß es daher um die Frage geht, welche vorzuziehen sei. Leider wird das Problem so gut wie nie in dieser Weise formuliert. Für wissenschaftliche Ärzte bieten die Empiriker nicht eine *Alternative,* sie sind naive, unwissenschaftliche Stümper . . .

A: Aber sehen Sie, gerade hier kann die Wissenschaftsphilosophie viel helfen.

B: Sie machen wohl Witze! Wissenschaftsphilosophen sind viel zu sehr mit ihren eigenen Fachproblemen beschäftigt, als daß sie noch Zeit für andere Dinge hätten. Außerdem soll ein Arzt nicht wissenschaftlich sein, er soll heilen.

A: Wie soll er aber heilen, wenn er kein Wissen hat?

B: Wunden heilen ganz von allein, ohne »Wissen«.

A: Und Ärzte sollen automatisch handeln, wie Wunden?

B: Wenn das zu Ergebnissen führt - warum nicht?

A: Wer soll denn das Ergebnis beurteilen?

B: Der Patient, wer sonst?

A: Wozu sind dann die Ärzte da?

B: Um den Körper in seinen natürlichen Prozessen zu unterstützen und die Menschen in ihrem Wunsch nach einem angenehmen und erfüllten Leben zu unterstützen — sehen Sie denn nicht, daß diese ganze Diskussion irrelevant ist? Und daß sie irrelevant ist, weil der Wissenschaftsphilosoph die Angewohnheit hat, seine eigenen Begriffe einzuführen? Er will ein Modell aufstellen und bestimmen, was Erkenntnis ist und was Wissenschaft ist. Er ist nicht sehr erfolgreich mit dieser seiner Tätigkeit — halten Sie sich all die Epizyklen vor Augen, die eingeführt werden mußten, um Ideen wie die der Gehaltsvergrößerung und der Wahrheitsnähe für *Logiker* akzeptabel zu machen. Die Frage, ob sie der Wissenschaft helfen, wird nie diskutiert — sie wird entweder für selbstverständlich gehalten oder als zu einem anderen Feld gehörig zurückgewiesen. Aber die Tätigkeit ist auch irrelevant für die Frage, die wir jetzt diskutieren. Ich habe zwei Arzttypen in die Diskussion gebracht: den wissenschaftlichen Arzt und den »persönlichen« Arzt (in der Vergangenheit hießen die beiden Gruppen Dogmatiker und Empiriker, und die Empiriker standen bei den Dogmatikern und den dazugehörenden Philosophen in geringem Ansehen). Beide haben bestimmte Ideen von der Natur des menschlichen Organismus, seinen Funktionen, von der Aufgabe des Arztes, von der Diagnose, der Therapie, beide haben bestimmte Ansichten über die Natur des Wissens. Diese Typen sind natürlich Extreme. Ein guter Arzt wird Bestandteile aus beiden Bereichen opportunistisch kombinieren. Aber ich stelle die Typen auf, weil ich ein Problem formulieren will, nämlich: Wer heilt besser? Und diese Frage ist unabhängig von der Frage: Wer ist *wissenschaftlich?* Es kann sich sehr wohl herausstellen, daß die unwissenschaftliche Medizin heilt und die wissenschaftliche Medizin (die es, wie gesagt, in der Praxis in dieser Extremform nie gibt) tötet. Tatsächlich wird diese Möglichkeit von Ärzten zugegeben. Frans Inglefinger, der ehemalige Herausgeber des *New England Journal of Medicine,* schreibt: »Obwohl die Menschen in unseren Krankenhäusern immer noch sterben, sterben sehr wenige ohne Diagnose«; das Wissen nimmt zu, der Gehalt nimmt zu, die Patienten sterben, weil wissenschaftliche Ärzte und ihre uninformierten Verteidiger, die Wissenschaftsphilosophen, lieber »wissenschaftlich« als menschlich sind. Und das ist einer der Gründe, warum ich vorschlage, grundlegende Probleme — epistemologische Probleme und Methodenprobleme eingeschlossen — den Experten (den Ärzten, den Wissenschaftsphilosophen etc. etc.) aus der Hand zu nehmen und ihre Lösung den Bürgern zu überlassen. Experten spielen natürlich eine beratende Rolle, sie werden zu Rate gezogen, aber sie haben nicht das letzte Wort. *Bürgerinitiativen statt Epistemologie* — das ist mein Motto.

A: Sie meinen, daß Laien wissenschaftliche Angelegenheiten entscheiden sollen?

B: Laien sollen Angelegenheiten in ihrem Umfeld entscheiden, zu denen Wissenschaftler eine Meinung haben, und die in Übereinstimmung mit den Wünschen der Wissenschaftler geregelt werden.

A: Das gibt ein Chaos.

B: Ja, ich weiß, das sagt ihr immer, denn ihr wollt die Macht über das Denken und über die Geldbeutel behalten, die ihr der Öffentlichkeit unter falschen Vorwänden und mit falschen Versprechungen gestohlen habt.

A: Die Menschen müssen doch geschützt werden!

B: Das haben Sie schon einmal gesagt, und ich habe Ihnen geantwortet, daß sie auch vor der wissenschaftlichen Medizin geschützt werden müssen. Tatsächlich müssen sie vor dieser Praktik sogar mehr geschützt werden, denn sie ist ziemlich gefährlich. Ihre Diagnoseverfahren sind gefährlich, ihre Kuren oder sogenannten Kuren sind oft drastisch, die Unfallrate in Krankenhäusern ist höher als in allen Industrien mit Ausnahme des Bergbaus und des Hochhausbaus. »Ein Offizier«, schreibt Ivan Illich über diese Dinge, »dessen Leistungen von ähnlicher Natur sind, müßte sein Kommando abgeben, und ein Restaurant oder Vergnügungspark würde geschlossen werden.« Außerdem machen Ärzte in vielen Fällen verschiedene Vorschläge, und daher ist es sowieso Sache des Patienten oder der Angehörigen des Patienten, sich zu entscheiden. Werden sie nicht schwerwiegende Fehler machen? Das werden sie — aber ihre Fehler werden nicht größer sein als die der Experten. Das zeigt sich bei jeder Schwurgerichtsverhandlung. Eingebildete Experten machen Aussagen; sie werden von einem Anwalt befragt, der in den betreffenden Fragen Laie ist, und es erweist sich oft, daß sie nicht wissen, wovon sie reden. Ein Schwurgericht ist eine Institution, die einen Fall mit Hilfe von Experten entscheidet, ohne daß die Experten das letzte Wort haben. Dieselbe Einrichtung sollte aus den ebengenannten und auch aus weiteren Gründen allgemein in der Gesellschaft praktiziert werden. Die Menschen haben das Recht, so zu leben, wie sie es für richtig halten, und das bedeutet, daß allen Traditionen einer Gesellschaft gleiche Rechte und gleicher Zugang zu ihren Machtzentren gegeben werden müssen. Traditionen enthalten nicht nur ethische Regeln und Religionen, sie enthalten auch eine Kosmologie, medizinische Überlieferungen, eine Anschauung über das Wesen des Menschen und so weiter. Man sollte deshalb jede Tradition ihre eigene Medizin praktizieren lassen, die dafür entstehenden Aufwendungen von der Steuer abziehen lassen und ihre Jugend im grundlegenden Mythos unterweisen. Dies ist, wie ich schon sagte, ein Grundrecht, und das Recht sollte vollzogen werden. Zweitens liefert uns das, was sich aus dem Leben in anderen Traditionen ergibt, wertvolle Informationen über die Effizienz der Wissenschaft. Sie haben vorher einmal gesagt, daß man Kontrollgruppen braucht, um die Effizienz der modernen Medizin zu kontrollieren. Die Schwierigkeit besteht darin, daß man die Menschen nicht zwingen kann, eine Behandlungsart aufzugeben, die sie für wichtig halten. Wenn aber den Traditionen gleiche Rechte zukommen, werden viele Menschen aus freien Stücken alternative Formen der Medizin, Psychologie, Soziologie etc. wählen, und daraus wird sich Vergleichsmaterial ergeben. Dieses Verfahren wird bis zu einem gewissen Grad im Bereich der »Entwicklung« bereits realisiert. Früher wurden westliche Fortschrittsideen, das heißt Monokulturen, Bindung an den Weltmarkt und Beurteilung der Ergebnisse nach den Kriterien des Markts, den »unterentwickelten« Völkern einfach aufgezwungen. Jetzt diskutieren wenigstens einige Länder ihren »Beitrag« mit der lokalen Bevölkerung und verfahren dementsprechend. Es werden keine »objektiven« Experten mehr zwischen die Menschen und ihre Probleme gestellt. Auf den Westen übertragen bedeutet das, daß die Bürger selbst über den Bau von Brücken oder die Benutzung von Atomreaktoren entscheiden.

A: Das führt bestimmt zu einer Menge unsinniger Debatten und lächerlicher Ergebnisse.

B: Das denke ich auch. Aber mit einem wichtigen Unterschied. Die *betroffenen Parteien* sind in die Debatten einbezogen, und die lächerlichen Ergebnise werden von den Teilnehmern selbst herbeigeführt *und verstanden,* nicht aber von ein paar Fachleuten, die sich in einer unverständlichen Sprache beschimpfen. Denn glauben Sie bloß nicht, daß die von unseren sogenannten Experten erreichten sogenannten Ergebnisse weniger lächerlich sind. Sie brauchen nur einmal zu einer Philosophie- oder einer Wissenschaftsphilosophietagung zu gehen: es ist kaum zu glauben, was für ein Unsinn heutzutage von unserer »intellektuellen Elite« produziert wird — und zwar auf Kosten der Steuerzahler. Tatsächlich ist es kaum zu glauben, was für ein Unsinn von den Großen Männern aller Zeiten produziert worden ist, und es ist auch nicht leicht zu verstehen, wie oft sonst ganz gescheite Menschen auf diesen Unsinn hereingefallen sind.

A: Sie haben anscheinend nicht viel Achtung vor den Führern der Menschheit.

B: Ich habe nicht viel Achtung vor Leuten, die entweder Führer sein wollen oder die Bildung von Schulen zulassen, die »Führer« produzieren. Ich glaube ganz im Gegenteil, daß viele der sogenannten »Erzieher« der

Menschheit bloß machthungrige Verbrecher waren, die aus Unzufriedenheit mit ihrer eigenen Armseligkeit über andere Gemüter herrschen wollten und alles daransetzten, um die Zahl ihrer Schüler, lies Sklaven, zu vergrößern. Statt die Fähigkeit der Menschen zu stärken, ihren eigenen Weg zu finden, nutzen sie ihre Schwäche, ihren Wunsch zu lernen und ihr Vertrauen aus, um sie zu fleischgewordenen Manifestationen ihrer eigenen öden Phantasien zu machen. Die erste Pflicht eines Lehrers ist, seine Zuhörer vor zu schneller und zu großer Zustimmung zu bewahren. Die erste Pflicht eines Lehrers ist, seinen Zuhörern zu sagen: Ihr wißt viel mehr als ich, aber vielleicht wird euch meine Darstellung gefallen. Oder er kann sich des Humors bedienen, um den »intellektuellen Eindruck« seiner Geschichte zu entschärfen, denn es ist mit Sicherheit besser, die Menschen zum Lachen zu bringen, als sie in eine Schar verzückt gaffender Affen zu verwandeln.

A: Sie haben ganz gewiß nicht viel Achtung vor den Menschen.

B: Ganz im Gegenteil, ich bewundere viele Menschen, ich habe Achtung vor vielen Menschen, abr ich habe nur wenig Achtung vor Intellektuellen. Ich bewundere Marlene Dietrich, die ein langes Leben stilvoll hinter sich gebracht hat und vielen von uns die eine oder die andere Lektion erteilte. Ich bewundere Ernst Bloch, weil er die Sprache der einfachen Leute sprach und ihrer Vielfarbigkeit zur Geltung verhalf, mit der sie und ihre Dichter das Leben dargestellt haben. Ich bewundere Paracelsus, weil er wußte, daß ein Wissen ohne Herz hohl ist. Ich bewundere Lessing wegen seiner Unabhängigkeit, wegen seiner Bereitschaft umzudenken, ich bewundere ihn sogar wegen seiner Ehrlichkeit, denn er ist einer von jenen ganz seltenen Menschen, die gleichzeitig ehrlich und humorvoll sein können, die Ehrlichkeit als Richtschnur für *ihr eigenes Privatleben* benutzen und nicht als Knute zur Unterwerfung der Menschen, nicht als Schaustück zur Effekthascherei. Ich bewundere ihn wegen seines Stils, der frei, klar, lebendig ist, wirklich ganz anders als die befangene und schon leicht verknöcherte Einfachheit und Gelehrsamkeit von, sagen wir mal, *Objektiver Erkenntnis*. Ich bewundere ihn, weil er ein Denker ohne Doktrin und ein Gelehrter ohne Schule war — jedes Problem, jedes Phänomen, mit dem er sich beschäftigte, war für ihn eine einzigartige Situation, die auf einzigartige Weise erklärt und erhellt werden mußte. Seine Neugier kannte keine Grenzen, und sein Denken war nicht durch »Kriterien« eingeschränkt: Denken und Emotionen, Glaube und Wissen konnten immer zusammenwirken. Ich bewundere ihn, weil er sich nicht mit Scheinklarheiten zufrieden gab, sondern erkannte, daß Verstehen oft durch ein *Undeutlichwerden* der Dinge erreicht wird, durch einen Prozeß, in dem sich das, was deutlich sichtbar schien, in ungewisser Ferne verliert. Ich bewundere ihn, weil er weder Träume noch Märchen ablehnt, sondern sie benutzt, um die Menschen vom Joch der entschiedenen Rationalisten zu befreien. Ich bewundere ihn, weil er an keine Schule, kein Bekenntnis gebunden war, weil er nicht das Bedürfnis hatte, sich wie eine alternde Kurtisane ständig in einem intellektuellen Spiegel zu betrachten, und nicht darauf aus war, sich einen »Ruf« zu verschaffen, ausgedrückt in Fußnoten, Danksagungen, akademischen Reden, Ehrentiteln und anderen Beruhigungsmitteln für die Ängste der Unsicheren. Am meisten bewundere ich ihn, weil er nie versucht hat, Macht über seine Mitmenschen zu gewinnen, weder mit Gewalt noch durch Überredung, sondern zufrieden war, frei zu sein wie ein Spatz — und genauso neugierig. Es gibt also durchaus viele Menschen, die ich bewundere, unter ihnen Rationalisten wie Lessing oder Heine, aber nicht wie Kant und Popper, unser Mini-Kant — und deshalb bin ich ein unversöhnlicher Feind dessen, was heute als Rationalismus gilt ...

A: Was für ein Enthusiasmus, mein Freund — so erregt habe ich Sie noch nie gesehen, Sie platzen ja fast vor lauter religiösem Eifer ...

B: Das hat nichts zu sagen — ich bin ein kranker Mann und neige dazu, ab und zu einmal überzuschnappen.

A: Sie können einfach nicht länger als ein oder zwei Minuten ernst sein. Also, es war wirklich interessant, sich mit Ihnen zu unterhalten, und ich hoffe, Sie erholen sich nicht zu schnell, denn mir ist Ihr kranker Enthusiasmus lieber als Ihr gesunder Zynismus.

B: Und sowas nennt sich Rationalist!

Zweiter Dialog

A: Glauben Sie immer noch an die Astrologie?

B: Wer hat Ihnen gesagt, daß ich an die Astrologie glaube?

A: Sie selbst. Erinnern Sie sich, als wir uns das letzte Mal gesehen haben, sprachen Sie ausführlich über Astrologie, Gesundbeten und andere anrüchige Themen. Sie waren davon ganz begeistert.

B: Ich weiß nicht mehr, was ich gesagt habe . . .

A: Sie brauchen sich nicht genau an die Worte zu erinnern, Ihre Position bringt es mit sich, daß . . .

B: Meine »Position«?

A: Ja, Ihre Position, Ihre Philosophie, oder wie Sie es auch nennen wollen.

B: Wer hat Ihnen gesagt, daß ich eine »Philosophie« habe?

A: Nun, ich sehe, Sie haben sich nicht sehr verändert. Erst geben Sie absurde Erklärungen ab, Sie verurteilen gute Ideen und preisen wertloses Zeug, Sie sagen, dies sollte man tun und jenes unterlassen — wenn aber jemand Sie beim Wort nehmen will, dann streiten Sie alles ab. »Mein Name ist Hase, ich weiß von nichts.« Wie soll man Sie denn überhaupt ernst nehmen?

B: Haben Sie schon einmal einen Freund gehabt?

A: Ich habe viele Freunde.

B: Und Sie sagen ganz bestimmt Gutes über sie.

A: Wenn ich von ihnen spreche, ja.

B: Haben Sie sich schon einmal einem Freund entfremdet?

A: Nun ja, es hat ein paar Enttäuschungen gegeben.

B: Nein, ich meine etwas anderes. Haben Sie schon einmal erlebt, daß Sie eines schönen Tages ohne einen deutlichen Grund nicht so freundlich wie gewohnt zu einer bestimmten Person waren? Vielleicht ist sie Ihnen langweilig geworden.

A: Vielleicht haben wir uns auseinandergelebt — trotzdem versuche ich, solche Angelegenheiten rational anzugehen ...

B: Aber das gelingt nicht immer! Gelegentlich werden Sie einander fremd und vielleicht sogar ein bißchen feindselig zueinander — aber Sie können den Finger nicht drauflegen.

A: In dem Fall würde ich bestimmt versuchen, die Sache mit meinem Freund zu bereden — Freundschaften gibt man nicht einfach so auf.

B: Zugegeben. Sie reden miteinander. Kommen Sie aber immer zu einem Schluß, den Sie beide akzeptieren können? Entfremdung bedeutet, daß Sie sich nicht sehr gut verstehen, und so führt das Gespräch vielleicht zu nichts, vielleicht ist es sogar peinlich ...

A: Damit würde ich mich nicht abfinden ...

B: Sie können aber nicht endlos weitermachen; irgendwann müssen Sie zugeben, daß Sie sich nichts mehr zu sagen haben; dann ist es vernünftig, aufzuhören und sich zu trennen.

A (schweigt).

B: Ich sehe, ich habe an einen wunden Punkt gerührt ...

A: Sowas kommt eben vor; was hat das aber mit unserer Frage zu tun? Mit Ihrer Weigerung, zu Ihrer Position zu stehen?

B: Das sage ich Ihnen gleich. Nehmen wir nun einen Freund, dem Sie sich allmählich entfremden. Sie sehen ihn täglich, Sie reden mit ihm oder ihr, es gibt immer weniger, worüber Sie sich unterhalten können, die gemeinsamen Interessen verschwinden allmählich, es wird Ihnen langweilig, Sie sehen Zeichen von Langeweile oder Ungeduld beim anderen, Ihr Verhalten ändert sich — und auch das, was Sie über Ihren Freund gegenüber anderen sagen . . .

A: Ja, sowas kommt vor; aber wenn es passiert, versuche ich, die Gründe zu finden.

B: Lassen Sie die Gründe beiseite — ich spreche jetzt von dem Prozeß selbst. Der Grund mag sein, daß Ihr Freund neue Leute kennengelernt hat, seine Ansichten, sein »stillschweigendes Wissen« haben sich auf subtile Weise geändert, der Grund mag sein, daß Sie selbst ein anderer geworden sind aufgrund von Stoffwechselveränderungen, oder weil Sie einen beeindruckenden Film gesehen haben, oder weil Sie sich verliebt haben — wer weiß. Was auch immer der Grund für die Veränderung ist, sie verhalten sich jetzt anders zu einander, und, was noch wichtiger ist, Sie denken und reden anders übereinander.

A: Jetzt weiß ich, worauf Sie hinauswollen! Sie wollen sagen, daß sich die Beziehung, die man zur Welt und ihren physikalischen und sozialen Aspekten hat, genauso wie die Beziehung zwischen zwei Menschen verändert . . .

B: Genau. Die Welt war 1970, als ich die erste Fassung von *Wider den Methodenzwang* geschrieben habe, anders als jetzt, und ich war anders als jetzt, nicht nur intellektuell, sondern auch emotional . . .

A: Das war es aber nicht, was ich mit meiner Bemerkung sagen wollte. Ich habe Sie nicht deshalb kritisiert, weil Sie Ihre Philosophie oder Ihre Position geändert haben. Ich habe Sie kritisiert, weil Sie entweder überhaupt keine Position haben oder von einer Position zur nächsten dahintreiben, wie es Ihnen gerade paßt. Heute verteidigen Sie die Astrologie, morgen gefällt Ihnen etwas anderes, und Sie rühmen die Molekularbiologie . . .

B: Wohl kaum . . .

A: Egal. Zugegeben, in unserer Umwelt finden viele Veränderungen statt. Das Wetter ändert sich, es gibt Veränderungen im großen Maßstab wie den Wechsel von der Eiszeit zu einem wärmeren Klima, in kleinem Maßstab wie den Wechsel von einem Regentag zu einem Tag mit Sonnenschein, die Menschen entdecken neue Formen der Mathematik — überall ist Veränderung. Rationalisten treiben aber nicht einfach in diesem Meer von Veränderungen umher, sie versuchen, ihre eigenen Veränderungen an die um sie herum geschehenden anzupassen . . .

B: Sie meinen, sie haben Theorien, die sie neuen Tatsachen und neuen mathematischen Formen anpassen . . .

A: Ja. Bei zwei Menschen ist der Fall ein bißchen komplexer und im Prinzip nicht anders.

B: Und damit meinen Sie, daß man im Prinzip seine Veränderung von der eines Freundes trennen und von dieser eine objektive Darstellung geben kann.

A: Ja.

B: Sie wissen aber bestimmt, daß dasselbe Gesicht, wenn es in verschiedenen Geschichten auftaucht, auf ganz verschiedene Weise gedeutet werden kann.

A: Was meinen Sie damit?

B: Nehmen Sie an, Sie haben die Zeichnung von einem lächelnden Gesicht. Verbinden Sie es jetzt mit folgendem

Text: ». . . endlich hielt er das kleine Geschöpf in den Armen — seinen Sohn. Seinen einzigen Sohn! Er sah ihn zärtlich an und lächelte . . .« — der Leser wird die Zeichnung wohl als die von einer Person mit zärtlich lächelndem Gesicht »lesen«.

A: Ja, und?

B: Jetzt bringen Sie die Zeichnung in den folgenden Text: ». . . endlich hatte er seinen Feind soweit, daß er vor ihm auf dem Boden kroch und um Gnade flehte. Er neigte sich mit einem grausamen Lächeln zu ihm hinunter und sagte . . .« — in diesem Fall würde in »derselben« Zeichnung der Ausdruck eines grausamen Lächelns gelesen werden. Ein Gesicht kann letzten Endes auf vielerlei Art gelesen werden und kann sehr verschieden aussehen, je nach der Situation . . .

A: Aber . . .

B: Einen Moment. Lassen Sie sich noch ein paar weitere Beispiele geben! Vor langer Zeit war ich sehr verliebt in eine Jugoslawin — eine ehemalige Olympiasiegerin.

A: Ich habe von Ihren Abenteuern gehört.

B: Ganz bestimmt übler Klatsch! Als die Affäre begann, war ich 28 und sie 40. Wir sind ein paar Jahre zusammengeblieben, und dann haben wir uns getrennt. Ich ging nach England, dann in die USA. Als sie ungefähr 60 war, habe ich sie besucht. Ich klingelte, die Tür ging auf, und da stand eine rundliche, kleine Dame mit grauen Haaren. »Aha«, sagte ich mir, »sie hat eine Haushälterin« — aber es war sie selbst, und in dem Moment, als mir das klar wurde, veränderte sich ihr Gesicht und wurde das jüngere Gesicht, das mir in Erinnerung war. Noch ein Beispiel: In den USA habe ich eine Frau geheiratet, die viel jünger war als ich — eine sehr attraktive Dame. Die Ehe ist nicht gutgegangen.

A: Ganz bestimmt Ihre Schuld!

B: Ich glaube nicht, daß es irgend jemandes Schuld war, obwohl ich zugebe, daß es nicht leicht ist, mit mir zusam-
menzuleben. Wie dem auch sei — nach einiger Zeit fand
ich sie nicht mehr so hübsch. Eines schönen Tages ging
ich zur Bibliothek, um mich in der Zeitschriftenabtei-
lung umzusehen, und da sah ich in der Ferne eine sehr attraktive Frau. Natürlich bin ich auf sie zugegangen — es
war aber meine Frau, und in dem Moment, als mir das
klar wurde, veränderte sie sich, und ihr Gesicht wurde ein
ganz gewöhnliches Gesicht.

A: Wie Don Giovanni und Donna Elvira . . .

B: Richtig! Das ist ein ausgezeichneter Vergleich. Ein drit-
tes Beispiel. Vor ein paar Jahren ging ich auf eine Wand
zu und sah ein heruntergekommenes Individuum auf
mich zukommen. »Wer ist der Strolch ?« fragte ich mich
— und dann merkte ich, daß die Wand in Wirklichkeit
ein Spiegel war und daß ich mich selbst gesehen hatte.
Sofort wurde aus dem Strolch eine elegante und intelligent aussehende Persönlichkeit. Sie sehen also, Sie
können einfach nicht von einem objektiven Lächeln
einer Person sprechen, und da menschliche Beziehungen aus Lächeln, Gesten, Gefühlen bestehen, ist »objektive« Freundschaft ein ebenso unmöglicher Begriff
wie inhärente Größe: die Dinge sind groß und klein
relativ zu anderen Dingen, nicht an sich. Ein Lächeln
ist *für den Beobachter* ein Lächeln, nicht an und für
sich.

A: Beziehungen können aber objektiv sein — die Relativitätstheorie zeigt, daß . . .

B: Nicht wenn die Elemente, zwischen denen die Beziehung besteht, in einen historischen Prozeß verwickelt
sind, der neue Ergebnisse hervorbringt! In diesem Fall

können wir ein bestimmtes Stadium der Beziehung beschreiben; verallgemeinern können wir nicht, denn es gibt keine dauerhafte Substanz mit dauerhaften und objektivierbaren Merkmalen. Halten Sie sich nur einmal die Geschichte der Porträtkunst im Westen vor Augen vom archaischen Griechenland bis zu, sagen wir mal, Picasso, Kokoschka und den modernen Fotografen. Und machen Sie nicht den Irrtum anzunehmen, daß diese Bilder zeigen, was die Leute sahen, wenn sie andere Leute erblickten — die paar Geschichten, die ich Ihnen erzählt habe, sind, für mich wenigstens, der klare Beweis, daß ich nie wissen werde, wie Sie mich sehen, wie ich mich sehe, und deshalb werde ich nie wissen, wer ich »wirklich« bin oder wer überhaupt irgend jemand »wirklich« ist. Was mich betrifft, so läuft jeder Versuch der Selbsterkenntnis nur darauf hinaus, daß ein bestimmter Aspekt eingefroren wird — er zeigt keine von Aspekten unabhängige »Realität«. Pirandello spricht häufig über solche Dinge, zum Beispiel in seinem *Heinrich IV.*: »Ich würde dir nicht wünschen, so wie ich über diese grauenhafte Situation zu denken, die einen zum Wahnsinn treibt: daß du, wenn du bei einem anderen bist und ihm in die Augen siehst — wie ich einmal jemandem in die Augen sah — ebenso gut ein Bettler vor einer Tür sein könntest, die sich dir nie öffnen soll: denn derjenige, der dort eintritt, das wirst niemals du sein, sondern ein dir Unbekannter mit seiner eigenen, anderen und unergründlichen Welt.« Alles was Sie tun können, ist also, Ihre Eindrücke darzustellen, Ihre Darstellung mit ein paar Kommentaren zu versehen und das Beste zu hoffen.

A: Das ist doch absurd.

B: Natürlich ist es das! Wir leben in einer absurden Welt!

A: Moment mal! Moment mal! Wir *reden* über diese Dinge und *kommen zu Schlußfolgerungen.* Nehmen wir einen Schauspieler — Sie scheinen Schauspieler zu mögen.

B: O ja. Sie *erzeugen* Illusionen und *wissen* das, während Ihr Durchschnittsphilosoph, der viel weniger von Schminke — in seinem Fall von intellektueller Schminke — versteht, an der Illusion leidet, die »Wahrheit« gefunden zu haben.

A: Also, ich bin ganz entschieden nicht Ihrer Meinung — ich will auf die Sache aber nicht eingehen. Was ich sagen will, das ist, daß Ihre Bemerkung Ihre Annahme über die Absurdität widerlegt. Sie sagen, ein Schauspieler erzeuge eine Illusion. Wie geht er dabei vor? Er fängt mit einer allgemeinen Vorstellung von der Rolle an, die er spielen wird, er überlegt sich Einzelheiten wie Gestik, Gangart, Eigentümlichkeiten der Sprechweise; er schminkt sich sorgfältig, um das Gesicht gut zu treffen. Er hat ein Ziel, eine Vorgehensweise und eine Art, die Ergebnisse zu beurteilen. Richter, Anwälte, Kläger, Angeklagte tun, was sie tun, und sagen, was sie sagen, weil sie klar erkennen, was vor sich geht; Sie antworten in einer bestimmten Art und Weise auf das, was ich sage, weil Sie glauben, Ihre Bemerkungen würden mich aus dem Konzept bringen oder mich auf Ihre Seite ziehen ...

B: Nichts liegt mir ferner! Ich habe keine »Seite«, und wenn ich eine hätte, denn möchte ich sie sicher nicht voll von Fremden sehen ...

A (als ob er das nicht gehört hätte): ... auf jeden Fall ist da Verständigung, wenn auch nie völlige Verständigung, da ist Einvernehmen oder Unstimmigkeit, auch wenn die Sache nie sicher ist, und jetzt wollen Sie behaupten, das sei alles auf Sand gebaut.

B: Das ist es auch! Sie schließen von der Einfachheit des Prozesses auf die Einfachheit und Verständlichkeit der beteiligten Elemente ...

A: Ich würde nicht sagen, daß der Prozeß einfach ist — es kann Monate dauern, bis ein Schauspieler die richtigen Vorstellungen und deren richtige Verkörperung findet, und die Vorbereitungen für eine Gerichtsverhandlung dauern Jahre!

B: Zugegeben — es kann Monate und sogar Jahre dauern. Aber es gibt ein Einvernehmen in bezug auf die Schritte, der Schauspieler kann anderen seine Ziele erklären, und es kommt zu Schlußfolgerungen. Das haben Sie gerade gesagt. *Ich* sage, daß die Elemente, die in den Prozeß eingehen, von einem Teilnehmer zum anderen variieren, und sie variieren in einer Art und Weise, die jenseits von Kontrolle und Einblick ist. Eine Debatte ist daher nicht wie eine Reise auf einer klar erkennbaren Straße; jeder Teil der Straße kann sich als Trugbild erweisen, und selbst wenn er das nicht ist, selbst wenn Sie und andere festen Grund unter den Füßen haben, sind Sie keineswegs sicher, daß dies nicht ein Traum ist, oder, noch schlimmer, daß Sie nicht im Schlaf reden, während die anderen annehmen, Sie seien hellwach, und auf Ihre Phantasien reagieren.

A: Sie haben wirklich sehr seltsame Ansichten — ich weiß nicht einmal, wo ich anfangen soll!

B: Lassen Sie es doch einfach so: *Ich* sehe eine Reihe von Wundern, wo *Sie* eine geordnete und fast schon langweilige Aufeinanderfolge von Gedanken und Handlungen sehen.

A: Wenn ich Sie nun richtig verstehe, dann sagen Sie nicht nur, das dies *gelegentlich* passiert, sie sagen, es geschehe dauernd, folglich sei alles, was man tun kann, seine Eindrücke darzustellen und das Beste zu hoffen.

B: Sie haben's erfaßt.

A: Dann haben die Leute recht, wenn sie Sie nicht ernst nehmen.

B: Und mit den »Leuten« meinen Sie die Philosophen, nehme ich an?

A: Und die Soziologen und einfach jedes rationale Wesen.

B: Auch die Dichter?

A: Sie glauben, Sie sind ein Dichter?

B: Ich wünschte, ich hätte die Begabung — aber sehen Sie: Es gibt viele Menschen, die ihre Eindrücke in Gedichten, Theaterstücken, Bildern, Romanen wiedergeben — und sie werden nicht nur gelesen, sie haben etwas zu bieten, wir können von ihnen lernen, wir können aus der Art, wie ihnen die Welt erscheint, lernen ...

A: Sie haben aber eben gerade gesagt, daß es nur Illusionen und Wunder gibt.

B: Habe ich das gesagt? Dann habe ich mich schlecht ausgedrückt. Von Illusionen zu sprechen, setzt schließlich eine Art von »Realität« voraus. Aber das habe ich gesagt: daß es überall Wunder gibt, und daß eines davon das Lernen ist.

A: Dann lassen Sie uns nicht mehr an die Wunder denken und einfach ganz unkompliziert reden, wie jedermann das tut — und wenn wir das tun, dann muß ich Sie kritisieren, weil Sie versuchen, Informationen aus falscher Quelle zu beziehen ...

B: Aus falscher Quelle?

A: Theaterstücke, Bilder, Gedichte gehören zur Kunst; mit Wissen haben sie sehr wenig zu tun.

B: Das sagen *Sie.* Warum sollte ich aber Ihre Art akzeptieren, die Dinge zu unterteilen, die die Menschen tun?

Denken Sie zum Beispiel an die große Weisheit, die sich in Platos Dialogen, Tschuangtses Geschichten, Tolstois Romanen, Brechts Gedichten findet. Haben Sie Brechts Gedicht »An die Nachgeborenen« gelesen? Es gibt einen Eindruck wieder. Aber was für eine große Lehre können wir daraus ziehen!

A: Sie verschmelzen alle Kategorien. Natürlich gebe ich zu, daß Weisheit in diesen Geschichten, Dialogen und Romanen ist, aber rationales Wissen ...

B: Und schon fangen Sie wieder mit Ihren Unterteilungen an! Weisheit als Gegensatz zu »rationalem Wissen« ...

A: Hier *gibt es* aber eine wirkliche Unterscheidung! Tatsächlich haben die ersten Philosophen im Westen diese Unterscheidung eingeführt, weil sie die Dichtkunst, womit sie Homer meinten, durch etwas Besseres ersetzen wollten. Dichter, so argumentierten sie, sagen die Unwahrheit, sie wecken Emotionen, sie bereiten die Menschen nicht auf ihre Aufgabe als verantwortungsbewußte Bürger vor.

B: Und das beweist, was ich sage! Tschuangtse, Homer, Hesiod auf der einen Seite und Heraklit, Parmenides etc. auf der anderen tun nicht einfach nur verschiedene Dinge, sie konkurrieren miteinander. Plato selbst spricht vom »alten Streit zwischen Philosophie und Dichtkunst«. Beide Seiten liefern Bilder von der Welt und der Rolle der menschlichen Wesen darin, aber nach Ansicht der Philosophen ist das dichterische Bild verschwommen und falsch gezeichnet. Und meine Frage ist nun: Ist das philosophische Bild und sein Abkömmling, das wissenschaftliche Bild mit seinen abstrakten Begriffen und seinen strengen Gesetzen, soviel besser, sind die Instrumente der Weisheit, die sich aus dem Rationalismus von Parmenides, Platon, Aristoteles, Kant etc. entwickelt haben, soviel zufriedenstellender als die von Brecht oder Tolstoi zur Verfügung gestellten Instrumente der Weisheit, daß wir die letzteren außer acht lassen können?

A: Wir lassen sie doch gar nicht außer acht! Sie sind immer noch da, sie blühen und gedeihen, sie werden in unseren Schulen gelehrt ...

B: Ja, sie sind immer noch da, und sie werden gelehrt. Aber sie werden einer besonderen Kategorie zugeordnet! Man nennt sie »Kunst«, wobei die Theorie (d. h. die von der rationalen Kategorie gelieferte Darstellung) besagt, daß »rationales« Denken »objektive« Informationen hervorbringt, während die Kunst dies nicht tut. Wissen ist nicht ihre Angelegenheit. In Psychologiekursen liest man über Experimente und Theorien, Turgenjew liest man da nicht.

A: Es gibt wohl ganz sicher keinen Künstler, der die Arbeit unserer modernen Teilchenphysiker ersetzen könnte.

B: Sie können Extremfälle nicht zur Verallgemeinerung benutzen ...

A: Haben Sie denn nicht genau das getan? Die Kunst auf den ganzen Bereich des Wissens auszudehnen?

B: Nein, ganz und gar nicht. Ich meinte, daß die Kunst *überhaupt* Wissen enthält und nicht, daß es für jede aus den Wissenschaften kommende Einzelinformation eine entsprechende und *gleichermaßen gewichtige* Einzelinformation in der Kunst gibt. Das trifft ja auch nicht einmal für die Wissenschaften zu! Zum Beispiel kann nicht jede auf einem Gebiet der Wissenschaft gemachte Entdeckung sofort auf einem anderen, mit jenem konkurrierenden Gebiet wiederholt oder verbessert werden. Die Transposition und die Irreversibilität sind durch phänomenologische Methoden entdeckt worden, und es hat Zeit und viel Denken gekostet, bis eine Mikrodarstellung verfügbar wurde. In mancher Hinsicht ist das Problem der Irreersibilität noch immer nicht gelöst, nicht einmal heute — doch das zweite Gesetz der phänomenologischen Theorie besteht weiter. Gelegentlich wird die Situation umgekehrt: Ein Gebiet am unteren Ende der Autoritätsleiter bringt eine Einschätzung, die den Einschätzungen aus einem Gebiet am oberen Ende der Autoritätsleiter widerspricht — und die »unbedeutende« Einschätzung stellt sich als die richtige heraus. Die Debatte zwischen Geologen und Astronomen während des letzten Jahrhunderts über die korrekte Zeitskala (lange gegen kurze) gehört zu dieser Kategorie. Psychologen, Ökologen, Experten für zwischenmenschliche Beziehungen können andererseits viel von Dichtern, Romanschriftstellern, Schauspielern wie Äschylus, Lessing oder Brecht lernen, selbst von Beckett, obwohl der Bursche ganz und gar nicht mein Fall ist. Tschuangtse erzählt folgende Geschichte:

Der Kaiser des Südens hieß Shu und der Kaiser des Nordens Hu (beide Namen bedeuten »sehr schnell« und beide zusammen »im Nu«). Der Kaiser der Mitte war unter dem Namen Hun-t'un (Chaos) bekannt. Einmal besuchten der Kaiser des Südens und der des Nordens Hun-t'uns Gebiete, wo sie mit ihm zusammentrafen. Hun-t'un hieß sie herzlich willkommen. Shu und Hu berieten sich untereinander, wie sie ihre Dankbarkeit zeigen könnten. Sie sagten: »Alle Menschen haben sieben Körperöffnungen — die Augen, die Ohren, den Mund und die Nase — womit sie sehen, hören, essen und atmen. Doch dieser Hun-t'un ist, anders als andere Menschen, ganz glatt, ohne irgendwelche Körperöffnungen. Das muß ihm sehr unangenehm sein. Als Zeichen unserer Dankbarkeit wollen wir deshalb versuchen, für ihn ein paar Löcher zu machen.« So machten sie jeden Tag ein frisches Loch; und am siebten Tag starb Hun-t'un.

Ist das nicht eine ausgezeichnete Analogie für die Kolonisation und einige Aspekte der »Entwicklung« — außer daß hier die treibende Kraft nicht Dankbarkeit, sondern Anmaßung und Gier waren.

A: Ich sehe überhaupt nicht den Zusammenhang.

B: Es reagiert wohl nicht jeder in derselben Weise auf eine Geschichte. Ich selbst habe sehr stark reagiert und den Zusammenhang sofort gesehen.

A: Und das bedeutet, daß wir es mit subjektiven Eindrücken und nicht mit Wissen zu tun haben!

B: Nennen Sie es, wie Sie wollen — der Prozeß spielt eine bedeutende Rolle, selbst in den Wissenschaften.

A: Ich glaube das nicht!

B: Haben Sie schon mal von Superstrings und von der sogenannten »Universaltheorie« gehört?

A: Die Wörter kenne ich — aber ich habe keine Ahnung, was es mit der Theorie auf sich hat.

B: Nun, es ist ein Versuch, und manche Leute sagen, ein sehr gelungener Versuch, die Merkmale von Raum, Zeit und Materie aus einer einzigen, grundlegenden Theorie herzuleiten. Die Theorie ist nicht vollständig, sie enthält zum Beispiel keine Aussagen über die bekannte Masse von Elementarteilchen; aber es existieren ein paar sehr interessante Ergebnisse. Nach Meinung vieler Physiker ist es nur eine Frage der Zeit, bis Einzelheiten auftauchen. Es gibt jedoch andere Physiker, die meinen, die Theorie sei »verrückt« und gehe »in die falsche Richtung«. In einem BBC-Interview, das in einer sehr interessanten kleinen Broschüre veröffentlicht ist *(Superstrings,* hrsg. von P.C.W. Davies und J. Brown, Cambridge University Press, 1988 — die Textstelle findet sich auf Seite 194), äußerte sich Richard Feynman folgendermaßen: »Es gefällt mir nicht, daß sie nichts berechnen. Es gefällt mir nicht, daß sie für alles, was mit Experimenten in Widerspruch steht, eine Erklärung zusammenstricken —

alles läuft darauf hinaus zu sagen »Es könnte ja trotzdem stimmen . . .« und so weiter.

A: Ist das denn keine berechtigte Kritik?

B: Ja und nein. Keine Theorie ist jemals vollständig; jede Theorie läßt sich vervollkommnen, ebenso wie jede Geschichte. Außerdem hat es eine Theorie in ihren frühen Stadien mit vielen einander widersprechenden Tatsachen zu tun, und diese »frühen Stadien« können sehr wohl Monate, Jahre und sogar Jahrhunderte andauern.

A: Jahrhunderte? Haben Sie ein Beispiel, oder übertreiben Sie wie üblich?

B: Nein, ich habe schon ein Beispiel: Das Verhalten von Jupiter und Saturn schien sich Newtons Theorie zu entziehen, bis Laplace die Lösung fand. Newton wußte von der Unstimmigkeit und benutzte sie als Argument dafür, daß Gott in das Planetensystem eingreift. Laplace' Lösung stieß bald auf weitere Schwierigkeiten, und diese wurden erst im zwanzigsten Jahrhundert beseitigt. Ich habe ein noch besseres Beispiel: Die Atomtheorie wurde im Altertum aufgestellt, im fünften Jahrhundert vor Christus, sie wurde von Aristoteles widerlegt . . .

A: Aristoteles hat den Atomismus widerlegt?

B: Er hatte ausgezeichnete Argumente dagegen, Argumente, die teilweise dem gesunden Menschenverstand entsprachen, teilweise aus der Physik seiner Zeit kamen. Und er war keineswegs der letzte Autor, der sich gegen Atome aussprach; Wissenschaftler haben bis ins neunzehnte Jahrhundert gegen den Atomismus argumentiert und zwar nicht nur spekulativ, sondern auf Grund von experimentellen Ergebnissen. Dennoch haben ein paar Leute, ein paar sehr intelligente Leute, weiterhin daran gearbeitet.

A: Vielleicht war der Atomismus erfolgreich.

B: Das war er, bis zu einem gewissen Grad; doch seine Alternativen waren das auch. Andererseits litt der Atomismus an vielen Schwierigkeiten sowohl empirischer als auch formaler Natur. So haben die Wissenschaftler auf der Seite des Atomismus entweder völlig irrational gehandelt und trotzdem Glück gehabt — was beweisen würde, daß es sich lohnt, irrational zu sein — oder sie waren von Argumenten nichtempirischer und nichtformaler Art überzeugt, sie waren, kurz gesagt, überzeugt von dem, was viele Leute metaphysische Überlegungen nennen. In beiden Fällen können sie durch Geschichten unterstützt werden, wobei verschiedene Wissenschaftler verschiedene Geschichten als Stütze heranziehen: Wenn sie »irrational« sind, dann werden sie sich die Geschichte aussuchen, die ihnen am besten gefällt und sich von ihr leiten lassen. Wenn sie argumentieren wollen, dann werden sie sich ebenfalls eine Geschichte aussuchen und aus ihr eine Lehre ziehen, die anderen verschlossen bleibt. Für Yukawa, der die Pi-Mesonen voraussagte, war die Geschichte, die ich weiter oben erzählt habe, ein wunderbares Gleichnis für die Situation auf der Ebene der Elementarteilchen.

A: Ich glaube, Sie ziehen falsche Schlüsse aus offensichtlichen Tatsachen. Wissenschaftler müssen essen; daher spielt die Nahrung bei ihrer Forschung eine Rolle. Ich würde aber nicht sagen, daß sie Eingang in die Forschung findet oder ein Forschungselement ist. Genauso spielt Ihre Geschichte vielleicht eine Rolle in der wissenschaftlichen Forschung . . .

B: Einen Moment, seien Sie vorsichtig — Sie versuchen, die Wissenschaft rational zu halten und machen sie so nur irrationaler . . .

A: Wie meinen Sie das?

B: Ich habe Geschichten in die Diskussion gebracht, weil Geschichten aus Worten bestehen und wir mit Worten argumentieren. Wenn Sie Geschichten auf dieselbe Ebene bringen wie die Nahrung oder den Schlaf, so sagen Sie damit, daß bedeutende wissenschaftliche Entscheidungen und weite Forschungsbereiche der Argumentation unzugänglich oder, um Ihr Lieblingsschimpfwort zu gebrauchen, daß sie irrational sind.

A: Ich kann Ihnen nicht mehr folgen.

B: Erinnern Sie sich, wir sprechen von einer Situation, in der ein Wissenschaftler entweder eine von zwei empirisch unzulänglichen und formal unbefriedigenden Theorien wählt oder eine empirisch unzulängliche und formal unbefriedigende Mutmaßung einer guten und fest etablierten Theorie vorzieht. In so einer Situation können wir nun entweder sagen, daß die Wahl irrational ist, oder wir können sagen, daß Gründe für die Wahl vorhanden sind, obgleich die Gründe offensichtlich weder empirisch noch formal sind — oder »wissenschaftlich«, wie manche Leute zu sagen pflegen. Jetzt können Sie wählen. Wollen Sie sagen, daß die Wissenschaftler bei ihrer Wahl in einer solchen Situation keine Gründe haben, sondern einfach einer Laune nachgeben?

A: Es wäre schön, wenn man zeigen könnte, daß sie Gründe haben.

B: Was sollten das aber für Gründe sein? Die Formeln sind fehlerhaft, die Tatsachen sprechen dagegen — die Forscher wissen das. Trotzdem hoffen sie auf Erfolg. Das bedeutet, daß sie (a) mit ihrer Ansicht sowohl von ihren Formeln als auch von den Tatsachen abweichen und daß sie (b) eine Prophezeiung machen über den Erfolg ihrer Ansicht. Sie brauchen auch (c) ein paar Vorstellungen darüber, wie sie die Ansicht untersuchen wollen, zum Beispiel brauchen sie Vorstellungen darüber, wieviel Konflikt mit den Tatsachen und wieviel an Inkohärenz sie zulassen wollen. Sie haben, mit anderen Worten, eine Metaphysik, eine Prophezeiung und einen Stil der Forschung. Über Prophezeiungen, metaphysische Ansichten und Stile kann man sich nun streiten — aber die Argumente sind nicht verbindlich. Feynman will die Forschung unter eine strenge Kontrolle von Tatsachen und Mathematik stellen. Das ist *ein* möglicher Stil, gegründet auf eine mögliche Metaphysik. Die Superstringleute sind gewillt, ins Blaue davonzuziehen, und hoffen, dort Schätze zu finden — das ist ein anderer Stil mit einer anderen Metaphysik. Das sind gleichsam verschiedene Geschichten, verständlich für verschiedene Leute, und sie liefern ihnen Argumente für verschiedene Dinge.

A: Sie meinen, die Geschichten sind inkommensurabel?

B: Keineswegs; wenn man den Gegnern Zeit läßt, dann können sie die Dinge durchaus erklären — im Augenblick fehlt es aber an Erklärungen, und die Geschichten bleiben unverstanden; das ist alles, was man darüber sagen kann und die Situation kommt in den Wissenschaften vor, in der Politik; tatsächlich überall.

A: Ich bin aber doch nicht ganz glücklich über Ihre Geschichte des Tschuangtse. Ich versuche zu verstehen, was sie bedeuten könnte — angenommen, ich verstehe; angenommen, ich sehe wirklich einen Zusammenhang mit der Entwicklungshilfe. Trotzdem würde ich sagen, daß sie nur einen Nebel von Emotion über die ganze Sache breitet.

B: Lieber Gott, bewahre uns vor rationalistischer Rhetorik! Die Geschichte kann tatsächlich Emotionen über die ganze Sache breiten, aber das klärt die Situation, das deckt sie nicht mit Nebel zu. Emotionen und Geschichten mit einem starken emotionalen Effekt sind wirkungsvolle

Werkzeuge zur Schaffung einer neuen *und klaren* Perspektive. Ein Mensch, der für die Entwicklungshilfe arbeitet, denkt vielleicht, daß er viel Gutes tut; nun liest er die Geschichte — und plötzlich sehen die Dinge ganz anders aus. Erinnern Sie sich an den Fall mit dem Mikroskop, über den wir vor mehr als zehn Jahren gesprochen haben?

A: Ich bin nicht sicher ...

B: Nun, ich sagte Ihnen, und Sie haben mir zugestimmt, daß ein Anfänger durch ein Mikroskop vielleicht nichts Eindeutiges sieht, nur ein Chaos von Strukturen und Bewegungen. Er hat Lehrbücher gelesen, er hat wunderschöne Zeichnungen von interessanten Kreaturen gesehen, aber diese Kreaturen findet er nirgends in seinem Gesichtsfeld. Er muß lernen, die Dinge neu zu sehen. Und ich sagte Ihnen auch, daß sich das anfängliche Widerstreben, Galileis Teleskopbeobachtungen zu akzeptieren, zum Teil mit demselben Phänomen erklären läßt. Im sozialen Bereich — und dazu gehört die wissenschaftliche Kommunikation — haben wir keine Teleskope oder Mikroskope, wir haben unsere Instinkte, Überzeugungen, unser vermeintliches Wissen und unsere Wahrnehmungen. Starke Emotionen können sie verändern und uns die Dinge in anderem Licht sehen lassen. Ich will damit sagen, daß Tschuangtses Geschichte dieselbe Funktion haben kann wie das Training für mikroskopisches Sehen. Die Soziologen sind so erpicht darauf, nachzuahmen, was sie für ein richtiges wissenschaftliches Verfahren halten, daß sie all diese »subjektiven« Methoden der Unterweisung beseitigen und dadurch sich und andere blind machen für wichtige Aspekte der Welt; bei dem Versuch, »objektiv« zu sein, landen sie in einem subjektiven Gefängnis. Schließlich haben selbst Physiker etwas von Tschuangtse gelernt.

Yukawa, den ich schon erwähnt habe, schreibt: »Es ist sehr wahrscheinlich, daß das allem Zugrundeliegende, keine feste Form hat und keinem der Elementarteilchen entspricht, die wir heute kennen.« Etwas später sagt er: »Bücher sprechen auf die verschiedenste Weise zu ihrem Leser, ich habe aber besonders jene Werke gern, die ihre eigene Welt schaffen und denen es gelingt, den Leser, wenn auch nur für kurze Zeit, in diese Welt einzuführen.« Der Leser, der so eingeführt worden ist, kommt als ein anderer Mensch wieder zurück, mit einem anderen Verhältnis zur Welt um sich her und anderen Ideen darüber — genau die Art von Entwicklung, die sich abspielt, wenn zwei Menschen einander begegnen, sich kennenlernen, Freunde werden und sich wieder entfremden. Ferner machen einige Bereiche der Physik jetzt einen Wandel durch, der die Distanz zwischen den Künsten, den Geisteswissenschaften und den Wissenschaften erheblich verringert, und neuere Studien in der Geschichte der Wissenschaften zeigen, daß die kleine Erzählung von der Freundschaft, wenn man sie historisch und nicht »objektiv« interpretiert, durchaus nicht so weit hergeholt ist.

A: Wovon reden Sie?

B: Historiker haben die tatsächliche Abfolge der Ereignisse untersucht, die von einem wissenschaftlichen Problem zu einer Mutmaßung, zu phänomenologischen Überlegungen, zu der Anschaffung von Geräten, der Vorbereitung des Experiments, den Probedurchläufen, der Auswertung von Daten, der Einschätzung von Ergebnissen bis zur endgültigen Annahme der Ergebnisse führt. Nicht alle Wissenschaftler stimmen zu, aber fast alle Mitglieder der kleinen Gruppe, die mit dem Problem eng vertraut ist (die übrigen akzeptieren oder bestreiten die Ergebnisse dann aus ganz anderen Gründen). Historiker haben diese Abfolge untersucht, indem sie sich auf Briefe, Computerausdrucke, Geschäftsunterlagen (heute sehr wichtig, wenn Experimentatoren ganze Städte aufbauen), Sitzungsberichte, Tagebücher und Interviews stützten und nicht etwa nur auf die Endprodukte, d.h. Abhandlungen oder Biographien, wie das bei den älteren Historikern üblich war. Dabei entdeckten sie, daß der Prozeß in vielen Teilen ganz vorläufig ist, wenn das auch nicht ausdrücklich gesagt wird; tatsächlich enthält er viel von dem, was vor sich geht, wenn zwei Menschen Freundschaft, Distanz, Entfremdung erleben.

A: Genau das sagt Popper. Er sagt, daß wir beim Umgang mit einem Problem Mutmaßungen anstellen, daß die Mutmaßungen einen vorläufigen Charakter haben, daß wir sie auf der Grundlage von Widerlegungen revidieren ...

B: Genau das passiert in entscheidenden Augenblicken wissenschaftlicher Forschung *nicht*. Mutmaßungen mögen wohl da sein, aber viele davon sind unbewußt, und sie werden ohne ausdrückliche Diskussion geändert und modifiziert, einfach als Teil eines globalen Anpassungsprozesses. Und dies sei besonders vermerkt: die Anpassung schließt kein mystisches Gebilde ein, wie eine »objektive Realität«, sie besteht aus wirklichen Beziehungen zwischen Menschen und Dingen. Sie umfaßt Kollegen, Geldgeber, finanzielle Einschränkungen, Terminfristen, das ständig dem Wandel unterworfene Meer mathematischer Formalismen, das Urteil ferner Aufsichtsgremien, die Kapazität der Datenverarbeitung etc. etc. Sogar die Politik spielt eine Rolle (das Europäische Kernforschungszentrum wird von mehreren Ländern finanziert, und die Annahme oder Ablehnung von Forschungsanträgen unterliegt dem Einfluß aller möglichen Versuche, das Nationalprestige der jeweiligen Teilnehmer zu erhöhen). In allen Stadien dieses Prozesses finden sich Phänomene, die dem Wandel eines Lächelns von freundlich zu grausam entsprechen, und sie halten diesen Prozeß in Gang. Als Experimente noch in kleinem Rahmen durchgeführt wurden, spielte die »persönliche« Beziehung des Experimentierenden zu seiner Laborausstattung eine wichtige Rolle — lesen Sie dazu Holton über die Millikan-Ehrenhaft-Kontroverse. Der Experimentierende »kannte« seine Ausrüstung. Ein Teil des Wissens ließ sich schriftlich festhalten, ein großer Teil war intuitiv; er war das Resultat eines Lernprozesses, der viel damit gemeinsam hat, wie man tanzen, Auto fahren, eine Sprache, das Zurechtkommen mit einem schwierigen Menschen lernt. Lesen Sie, was Michael Polanyi über das »stillschweigende Wissen« schreibt. Heute wird die Situation durch die Existenz von gigantischen Versuchsanordnungen und Forschungsteams weiter kompliziert. Peter Galison hat ein sehr interessantes Buch geschrieben, *How Experiments End,* das zeigt, wie trügerisch, wie völlig illusorisch die älteren »rationalen Rekonstruktionen« sind. Das Buch sollten Sie lesen. Alles was Sie tun können, wenn Sie wirklich bei der Wahrheit bleiben wollen, ist *eine Geschichte zu erzählen,* eine Geschichte, die nicht-wiederholbare Elemente Seite an Seite neben vagen Analogien zu anderen Geschichten aus demselben Bereich oder aus anderen, fernliegenden Bereichen enthält. Nun sind die Philosophen (und auch einige Wissenschaftler) gewohnt, Analogien zu Prinzipien zu erheben und zu behaupten, (1) daß diese Prinzipien allem Denken zugrunde liegen, (2) daß sie für die Erfolge der Wissenschaft verantwortlich sind, und (3) daß die Wissenschaft deshalb Anspruch auf eine zentrale Stellung in unserer Kultur hat. (1) und (2) sind falsch und (3), die Schlußfolgerung daraus, auch.

A: Wollen Sie bestreiten, daß es Theorien gibt und daß verschiedene Experimentatoren und Theoretiker, die auf verschiedenen Gebieten arbeiten, oft in ihrer Forschung dieselbe Theorie verwenden?

B: Das bestreite ich keineswegs — die Frage ist aber: Was bleibt gleich? Vielleicht gibt es die gleichen Formeln (obwohl selbst das nicht immer stimmt — deshalb haben viele Abhandlungen und Lehrbücher am Schluß ein Symbolverzeichnis) — aber sie werden ganz bestimmt unterschiedlich verwendet. Newtons Theorie, wie sie in den *Principia* dargestellt ist, hatte wenig mit der Störungsrechnung zu tun, die Newton später gemacht hat; beide wichen von der Mechanik des achtzehnten und neunzehnten Jahrhunderts ab (die Formel *Kraft ist gleich Masse mal Beschleunigung* findet sich nirgends bei Newton), und diese Theorien unterschieden sich wiederum von der »klassischen Mechanik« der Relativisten und Quantentheoretiker. Wir haben es mit einer Geschichte zu tun, die einen gewissen Kern enthält, die aber auf vielerlei Art transformiert wird, je nach der historischen Situation, und diese ergibt sich wiederum aus (a) neuen Entdeckungen in der Mathematik, (b) neuen Beobachtungsergebnissen, (c) neuen Ideen über »das Wesen der Erkenntnis«. Die moderne Elementarteilchenphysik ist ein faszinierendes Hindernisrennen auf einer Rennstrecke, die durch ein paar allgemeine Prinzipien und eine ständig im Wandel befindliche Zusammenstellung von speziellen Annahmen, Tatsachen, mathematischen Hilfsmitteln etc. etc. abgesteckt ist. Die allgemeine Relativitätstheorie, die in der »Universaltheorie« auftaucht, ist nicht dieselbe, die Einstein im Jahre 1919 aufgestellt hat, etc. etc.

Wohin wir auch sehen, stoßen wir auf komplexe historische Entwicklungen mit gewissen Überschneidungen — weiter nichts. Ich gebe zu, daß das Beispiel der Freundschaft, das ich am Anfang gebracht habe, ein bißchen zu stark vereinfachend ist, aber ich glaube, daß es entscheidende Merkmale des Prozesses deutlich macht, und das genügt mir. Die Sozialwissenschaften sind meinem Beispiel sogar noch näher — ich würde tatsächlich sagen, daß mein Beispiel ein Paradigma für die Sozialwissenschaften liefert, das viel realistischer ist als die Theorien, die derzeit auf dem Gebiet in Umlauf sind. Einige Sozialwissenschaftler haben das erkannt und erzählen Geschichten, statt Theorien vorzutragen. Ein Beispiel dafür ist Paul Starrs wunderbares Buch *The Social Transformations of American Medicine* (Basic Books, New York, 1982) — das von den Theorieaposteln natürlich als unwissenschaftlich, »episodisch« etc. etc. kritisiert worden ist. Episodisch ist es schon — aber man muß dazusagen, daß episodische Darstellungen die einzig wahrheitsgetreuen sind . . .

A: Sie sind also gegen Theorien?

B: Nein, ich bin nicht gegen Theorien, ich bin gegen eine platonistische Interpretation von Theorien, die in ihnen Beschreibungen von dauerhaften Zügen des Universums sieht.

A: Es muß doch ein paar dauerhafte Züge geben . . .

B: »Es muß . . . geben« ist eine Ausrede für Leute, die keine Argumente haben . . .

A: Und die planetarische Astronomie? Und die Erfolge der Relativitätstheorie? Und das Raumprogramm?

B: Was ist damit?

A: Das sind doch Erfolge.

B: Ja, das sind Erfolge — aber Erfolge in bezug auf was? Aristophanes hatte großen Erfolg bei den Zuschauern im

Altertum. Er schätzte ihre Stimmung richtig ein, ihre Art, auf Bilder, Verse, Figuren zu reagieren, und er gewann Preise. Seine früheren Stücke sind anders als seine späteren, teils weil er sich entwickelte, teils weil seine Zuschauer sich entwickelten. Mit Wissenschaftlern, so behaupte ich, ist das genauso.

A: Aber Wissenschaftler haben Theorien ...

B: Sie haben Kenntnis von Regelmäßigkeiten, genau wie Aristophanes — er kannte die Regelmäßigkeiten der griechischen Sprache. Wissenschaftler haben nicht nur Kenntnis von Regelmäßigkeiten, sie formulieren sie auch und prüfen die Formulierungen, zumindest in manchen Stadien ihrer Forschung. Aristophanes hat die Regelmäßigkeiten, die er kannte, nicht formuliert, er war kein Grammatiker; aber er prüfte sie, indem er hier und da etwas ein klein wenig veränderte und das Ergebnis vor ein großes Publikum brachte. Genauso geht ein Anthropologe vor, der in eine bis dahin nicht erforschte Gruppe von Menschen eindringt und sie studiert. Er tut dies, er tut jenes — vielleicht wird er umgebracht wie William Jones von den Ilongot, vielleicht bleibt er am Leben und kann ein Buch schreiben, wie Michelle Rosaldo es (auch über die Ilongot) in ihrem Buch *Knowledge and Passion* (Cambridge, 1980) getan hat. Der Unterschied zwischen Aristophanes und einem Kulturanthropologen ist, daß Aristophanes (a) die Ergebnisse seiner Versuche nicht in abstrakten Worten formulierte, (b) sich an dieselben Menschen wandte, die er studierte, und (c) versuchte, sowohl zu unterweisen als auch zu unterhalten — die beiden Dinge sind tatsächlich in seinem Werk untrennbar miteinander verbunden (bei Brecht, der viel theoretischer ist, verhält sich das ganz anders). »Wissenschaftliche« Anthropologen hingegen halten ihre Fähigkeit, sich innerhalb eines Stammes zu bewegen und den Stammesmitgliedern vielleicht eine Freude zu bereiten, indem sie sich nützlich machen oder etwas zu ihrer Unterhaltung beitragen, nicht für eine Erkenntnis. Sie studieren die Menschen nicht als Freunde (auch wenn sie vielleicht den Anschein der Freundschaft als methodologischen Trick benutzen), sondern als Parasiten, als intellektuelle Parasiten, aber trotzdem als Parasiten. Und sie geben sich nicht mit ihren neuerworbenen Fähigkeiten zufrieden — sie müssen diese Fähigkeiten in die gebührende Form bringen: da muß es »Daten« und »Klassifikationen« geben, die Daten müssen »objektiv« sein — und so weiter. Und so erzählen sie am Schluß eine Geschichte, die wahrscheinlich kein Eingeborener versteht, obwohl es eine Geschichte nicht nur über Eingeborene, sondern auch über die Art und Weise ist, wie ein anfänglich Unwissender deren Leben erfahren hat. Wenn wir uns abstrakter Kategorien bedienen, könnten wir sagen, daß der Anthropologe Eindrücke in Wissen umformt — aber wenn wir das sagen, erkennen wir sofort, wie kulturabhängig dieses sogenannte »Wissen« in Wirklichkeit ist. Ich habe auch das Gefühl, daß Aristophanes im Gegensatz zu dem Anthropologen, wie ich ihn beschrieben habe, ein Menschenfreund war. Sie brauchen nur Malinowskis Tagebücher zu lesen! Ich will gerechterweise dazu sagen, daß nicht alle Anthropologen so vorgehen, daß es auf dem Gebiet jetzt große Veränderungen gibt, und daß Rosaldo beispielsweise den Unterschied zwischen wissenschaftlichen Daten und menschlicher Erfahrung klar erkennt . . .

A: All das hat aber nichts mit unserer Diskussion zu tun. Ich gebe zu, daß die Regelmäßigkeiten, die einige Soziologen uns vorsetzen und in äußerst abstrakten Ausdrücken präsentieren, keine Gesetze, sondern vorübergehende historische Merkmale sind, und daß deren Formulierung diese Eigenschaft vielleicht verdeckt. Aber es gibt Naturgesetze, und die verändern sich nicht. Außerdem haben Sie zuerst jeglichen Unterschied zwischen den Wissenschaften und den Künsten bestritten und bringen jetzt doch wieder einen Unterschied herein: Der Künstler benutzt sein Wissen, um auf diejenigen einzuwirken, die Gegenstand seines Wissens sind, der Anthropologe benutzt sein Wissen, um eine bloße Neugier gegenüber Fremden zu befriedigen. Und noch eins — alles was Sie bisher gesagt haben, zeigt nur, daß das, was einige Leute künstlerische Aktivität nennen — und was Sie durch die Geschichte mit den zwei Freunden veranschaulichen —, in den Wissenschaften *eine Rolle spielt* und nicht, daß die *ganze Wissenschaft* so ist. Das wird aber mittlerweile von jedermann anerkannt! Denken Sie an die Unterscheidung eines Entdeckungskontexts von einem Rechtfertigungskontext. Jeder gibt zu, daß Entdeckungen irrational sein können, voll von persönlichen Elementen, und also »künstlerisch«. Aber was man auf diese irrationale Weise entdeckt hat, wird dann einem Test unterworfen — und dieser Test erfolgt nach strengen Richtlinien, er ist objektiv und hängt nicht mehr von persönlichen Elementen ab.

B: Ich habe nicht bestritten, daß man zwischen Aktivitäten Grenzen ziehen kann. Was ich bestreite, ist, daß es *eine durchlaufende Grenze* gibt mit allen Wissenschaften auf der einen Seite und allen Künsten auf der anderen. Was die Sache mit den Entdeckungen und den Rechtfertigungen angeht — darauf habe ich Ihnen schon geantwortet, als ich über Experimente gesprochen habe: Der Prozeß der Annahme von Versuchsergebnissen ist genauso mit persönlichen Elementen und Gruppeneigenheiten durchsetzt wie der Entdeckungsprozeß. Tatsächlich ist die Dichotomie Entdeckung/Rechtfertigung ziemlich wirklichkeitsfremd. »Entdeckungen« sind nie bloß ein Sprung ins Ungewisse oder ein Traum; sie enthalten viele klare Überlegungen. Und »Rechtfertigungen« sind nie ein völlig »objektives« Verfahren — da gibt es viele persönliche Elemente. Ich bin mit Galison einer Meinung, daß die soziale Komponente dieses Prozesses gelegentlich übertrieben wird — fachliche Vorurteile spielen mindestens eine vergleichbare Rolle — aber es gibt sie, und sie macht den Prozeß komplizierter. Was nun die Physik angeht, so gebe ich natürlich zu, daß es Regelmäßigkeiten gibt, und daß es den Physikern gelungen ist, sie zu finden und zu formulieren. Ich würde aber dazu sagen, daß der Prozeß, der zur Annahme einer bestimmten Aussage als Ausdruck einer Regelmäßigkeit führt, viel mit dem gemeinsam hat, was Aristophanes machte, auch wenn die Art, in der sowohl die Wissenschaftler als auch die Philosophen ihn bisher beschrieben haben, auf ein ganz anderes, viel strengeres Verfahren schließen läßt. Auch sind Planeten keine Menschen, die Situation ist also *wegen des behandelten Gegenstands* einfacher und nicht, weil wir vom »Wissen« zu einem anderen Gebiet übergegangen sind. Wenn ich so eine Vorliebe für Verallgemeinerungen hätte wie Sie, würde ich sagen, daß die alte Unterscheidung zwischen den Naturwissenschaften und den Gesellschaftswissenschaften (einschließlich der Geisteswissenschaften) nicht den erforderlichen Unterschied aufweist — alle Wissenschaften sind Geisteswissenschaften, und alle Geisteswissenschaften enthalten Wissen. Natürlich ist da ein großer Unterschied zwischen der Erscheinung einer physikalischen Theorie und der Erscheinung einer Geschichte über König Heinrich VIII. Aber »Subjektivität« und »Objektivität« vermischen sich gleichermaßen in beiden Gebieten, und die Sache mit den zwei Freunden ist überall zu finden. Die Wissenschaftler würden tatsächlich zu gar nichts kommen, wenn sie ihre Ausrüstung nicht in dem Sinn »verstehen« würden, wie einige Historiker eine ferne historische Gestalt zu »verstehen« behaupten. Heute können wir sogar noch weiter gehen. Die Spekulationen in Verbindung mit den Superstrings, Twistors, alternativen Universen bestehen nicht mehr darin, Behauptungen zu formulieren und sie dann zu testen, sie haben viel mehr Ähnlichkeit mit der Entwicklung einer Sprache, die bestimmten, sehr allgemeinen Beschränkungen unterliegt (obgleich sie diesen nicht sklavisch zu unterliegen braucht), und daraufhin der Konstruktion einer überzeugenden und schönen Geschichte in dieser Sprache. Es ist wirklich ganz so wie das Schreiben eines Gedichts. Gedichte sind nicht frei von Beschränkungen. Tatsächlich sind die Beschränkungen, die Dichter ihrem Werk auferlegen, oft viel strenger als die von einem Botaniker oder Ornithologen akzeptierten. Lesen Sie Milman Parry über Homer. Nochmals, die Beschränkungen werden nicht sklavisch befolgt, und es muß eine vage Verbindung mit der Welt geben, wie wir sie kennen. Die Twistortheorie oder die Superstringtheorie verwenden mathematische Formeln — das ist der einzige Unterschied.

A: Sie sind aber universal, während ein Gedicht nur eine vorübergehende Stimmung einfängt.

B: Was meinen Sie mit »sie sind universal«?

A: Heißen denn die Theorien, die aufgrund von Spekulationen entwickelt wurden, die Sie eben beschrieben haben, nicht »Universaltheorien«? Das haben Sie selbst gesagt!

B: Lassen Sie sich nicht durch ein Wort irreführen! »Universal« heißt: die spezielle Relativität, die allgemeine Relativität, die Klassifikation subatomarer Teilchen, elektromagnetische Eichtheorien, die Supersymmetrie und Supergravitation.

A: Und da alles aus Elementarteilchen besteht, die in Raum und Zeit angeordnet sind, umfassen diese Theorien, wenn sie erfolgreich sind, alles, was es gibt.

B: Sie sind vielleicht naiv! Erstens beschreiben diese Theorien bisher nicht unsere gegenwärtige Situation, sondern möglicherweise eine Situation, wie sie während der ersten paar Augenblicke nach dem Urknall war. Es gibt keine Voraussage der Teilchenmassen, wie wir sie kennen; tatsächlich gibt es nur sehr wenige konkrete Voraussagen. Zweitens bringt uns selbst eine vollständige Aufstellung der Elementarteilchen noch keine kleinen Moleküle oder großen Moleküle oder festen Körper oder Lebewesen.

A: Hat die Molekularbiologie denn nicht einen großen Schritt vorwärts gemacht, als sie die Biologie auf die Molekularwissenschaft reduziert hat?

B: Wir wollen doch ein bißchen bescheidener sein: Ist es der Chemie gelungen, Moleküle auf Elementarteilchen zu reduzieren? Doch nur, wenn Sie mit Reduktion meinen, daß eine Art von Information abgezogen und durch eine andere Art von Information ersetzt wird. Elementarteilchenprozesse haben einen Ganzheitscharakter, man kann das Verhalten einer Ansammlung von Elementarteilchen nicht beschreiben, indem man einzelne Teilchen mit Feldern dazwischen postuliert.

A: Hat das etwas mit der Komplementarität zu tun?

B: So ist es.

A: Die Komplementarität ist doch längst widerlegt!

B: Von wem?

A: Von Einstein.

B: Wo?

A: Im Argument von Einstein, Podolsky und Rosen.

B: Das ist ja das Interessante an der Sache. Das Argument sollte die Komplementarität widerlegen, hat sie aber nur noch sicherer bestätigt.

A: Wie?

B: Sie wissen, daß das Argument auf der Annahme basiert, daß das, was man mit einem Teilchen macht, keinen Einfluß auf ein Teilchen hat, das vorher mit jenem in Wechselwirkung gestanden hat, jetzt aber weit entfernt ist?

A: Ja.

B: Die Annahme wurde getestet und für unzutreffend befunden.

A: Können Sie mir mehr darüber sagen?

B: Das würde zu lang dauern — aber die Sache hängt mit einem Theorem Bells und mehreren Tests davon zusammen. Da sind noch ein paar Schwierigkeiten, aber die Sache scheint soweit klar: die Annahme ist unzutreffend.

A: Und?

B: Nun, das heißt, daß zwischen voneinander entfernten Teilchen Beziehungen bestehen, die es unmöglich machen, sie als selbständige Gebilde zu betrachten. Wenn man die Dinge als selbständige Gebilde betrachtet, so läßt man Wirkungen außer acht, die wohl da sind, sich aber nicht zeigen, wenn man die Dinge in einer bestimmten Art und Weise ins Auge faßt. Wenn man also die Dinge als selbständige Gebilde betrachtet, so bedeutet das die Einnahme eines *Standpunkts,* oder anders ausgedrückt: Moleküle sind nicht objektiv, sie sind das, *was erscheint,* wenn wir in einer bestimmten Art und Weise vorgehen — und jetzt müssen wir die Art und Weise spezifizieren, d.h. wir müssen die Gesamtbedingungen der chemischen Forschung spezifizieren — und *diese* Spezifizierung ist *nicht* in den grundlegenden Theorien enthalten. Symmetrien werden gebrochen, es erscheinen neue Eigenschaften, die nicht von der grundlegenden Theorie abgeleitet werden können. Man könnte sagen, daß die grundlegenden Theorien Schemata sind, deren Details erst eingesetzt werden müssen, um konkrete Aussagen zu bringen, die aber nichts beschreiben, was unabhängig von den Details existiert. Die Details schließen Spezifizierungen des Verfahrens ein, d.h. sie schließen Informationen ein über die speziellen physikalischen Bedingungen des Beobachters.

A: So reden die Molekularbiologen nicht.

B: Da haben Sie recht — die reden wie die alten Atomisten, mit dem einzigen Unterschied, daß ihre »Atome« sehr komplex geworden sind. Sie behaupten aber auch, daß das, was sie sagen, durch die Quantentheorie erhärtet wird — und da irren sie sich. Hans Primas, Professor der Physikalischen Chemie an der Eidgenössischen Technischen Hochschule in Zürich, wo ich eine Stelle habe und in harter Schweizer Währung bezahlt werde, hat darüber Klarheit geschaffen. Lesen Sie sein wundervolles Buch *Chemistry, Quantum Mechanics and Reductionism* (Springer, New York, 1984). Die Vorstellung von Objektivität, die hinter vielen von Ihren Argumenten zu stecken scheint, wird auch durch andere Entwicklungen gefährdet, zum Beispiel durch Überlegungen in Verbindung mit dem sogenannten anthropischen Prinzip. Wir haben jetzt einige Theorien über den Ursprung des Lebens und der Elemente. Es gab einen Urknall, dann wurden ursprüngliche Symmetrien gebrochen, Bosonen wurden von Fermionen getrennt, Wasserstoff und Helium entstanden, es gab große Aggregate, kleinere Aggregate, Fixsterne; und hier sind die Elemente entstanden, besonders der für das Leben unentbehrliche Kohlenstoff. Nun führt eine ganz geringfügige Veränderung bei bekannten konstanten Größen, z.B. eine ganz geringfügige Veränderung in der Beziehung zwischen der Protonenmasse und der Neutronenmasse, zu einer radikal anderen Entwicklung ohne Leben an irgendeinem Ort. Das heißt, die Gesetze, die wir finden, gehören einem Universum an, in dem wir leben können, oder wie Hawking es ausgedrückt hat: »Die Dinge sind so, wie sie sind, weil wir sind.«

A: Ich müßte mir die ganze Sache wohl mehr im einzelnen ansehen.

B: Auch ich verstehe nicht alle Einzelheiten — lassen Sie uns aber über etwas reden, das wir verstehen. Ihre »Universaltheorie« — bei der ist doch sicher nicht die Rede von Liebe, Enttäuschung oder Traurigkeit . . .

A: Aber das sind doch subjektive Ereignisse . . .

B: Es gibt sie, egal wie Sie sie nennen, und sie sind durch die höchst entwickelten physikalischen oder biologischen Theorien nicht faßbar. Aber Künstlern, Malern, Dichtern, Stückeschreibern sind sie zugänglich. Liebe, Enttäuschung, Begehren — all das spielt im Leben der Menschen eine beachtliche Rolle. Auch im Prozeß wissenschaftlicher Forschung spielt das eine Rolle, wie ich schon gesagt habe. Wenn Sie also die Wissenschaften wirklich verstehen und nicht bloß trockene und abstrakte Märchen darüber schreiben wollen — und denken Sie daran, daß ich mit »die Wissenschaften verstehen« sowohl den Entdeckungskontext als auch den Rechtfertigungskontext meine —, dann müssen Sie sich den Künsten und den Geisteswissenschaften zuwenden, d.h. Sie müssen die willkürlichen Klassifikationen aufgeben, von denen die meisten Philosophien und »rationalen Darstellungen« so voll sind. Eine wirklich umfassende Weltanschauung kann absolut nicht auf die Dichter, die Maler, die Musiker verzichten ...

A: Haben Sie »eine wirklich umfassende Weltanschauung« gesagt?

B: Ja – aber ich meine nicht eine *Theorie,* ich meine eine Geisteshaltung, die sich teilweise in Worten, teilweise in Handlungen wie dem Musizieren, dem Aufschreiben von Gleichungen, in der Liebe, der Malerei, dem Essen, dem Umgang mit anderen Menschen ausdrückt, die vielen Dingen einen Sinn geben, d.h. sie anderen erklären kann ...

A (öffnet den Mund).

B: Ich weiß, was Sie sagen wollen – Sie wollen sagen, bevor man anderen etwas erklärt, braucht man eine Erklärungstheorie oder eine klare Auffassung von Erklärungen. Das stimmt nicht! »Anderen etwas erklären« ist ein komplizierter Prozeß, der mit vielen irrigen Anläufen beginnt und mit einer Harmonie endet, deren Art sich nicht voraussehen läßt, sondern erkannt wird, wenn sie eintritt ...

A: Wie kann sie aber erkannt werden, wenn wir nicht wissen, was das ist?

B: Sie gehen davon aus, daß eine Erfahrung nicht zustande kommen kann, wenn wir keinen Begriff davon haben. Das ist eine sehr unrealistische Annahme. Sie würde bedeuten, daß wir nie etwas grundsätzlich Neues erleben können. Ich glaube, diese Annahme ist es, die hinter Ihrer anfänglichen Kritik steckt.

A: Welcher Kritik?

B: Das haben Sie schon vergessen? Ihre Kritik, daß man mich nicht ernst nehmen kann, weil ich, wenn man mich auf meine Einstellung hin befragt, sage, daß ich keine

Einstellung, keine »Position« habe. Nun, in gewissem Sinn habe ich eine und in gewissem Sinn nicht. Ich habe eine Einstellung in dem Sinn, daß ich in bestimmter Weise auf die Dinge reagiere. Ich habe keine Einstellung in dem Sinn, daß meine Reaktionen nicht an universellen Prinzipien und feststehenden Bedeutungen gebunden werden können.

A: Sie sind also kein Relativist?

B: Da haben wir's! Sie werfen mir ein Wort an den Kopf, an dem viele Assoziationen hängen, und erwarten, daß ich ja oder nein sage.

A: Nun, glauben Sie, daß es universelle Prinzipien des logischen Denkens gibt?

B: So einfach ist die Sache nicht.

A: Herrgott nochmal!

B: Gedulden Sie sich und hören Sie zu! Ich habe hier drei Aussagen:

Baumwolle braucht ein warmes, trockenes Klima.
England ist kalt und feucht.
Baumwolle wächst nicht in England.

Folgt die dritte Aussage aus den beiden ersten?

A: Selbstverständlich.

B: Und um das zu sagen, müssen Sie erkennen, daß eine bestimmte Beziehung zwischen den beiden ersten Aussagen und der dritten besteht?

A: Selbstverständlich.

B: Und Sie würden zugeben, daß es Menschen gibt, die das nicht erkennen, d.h. die die Aussage jede für sich nehmen?

A: Dumme gibt es eben immer!

B: Immer schön langsam! Können Sie sich eine Situation vorstellen, in der es vorteilhaft wäre, Aussagen jede für sich zu nehmen und nicht in Betrachtungen über deren gegenseitige Beziehung abzuschweifen?

A: Das müßte eine sehr simple Welt sein!

B: Simpel oder nicht — können Sie sich so eine Situation vorstellen?

A (*sieht verdutzt aus*).

B: Nehmen wir ein anderes Beispiel: Sehen Sie sich diese Zeichnungen an:

Gleichen sie einander oder sind sie ungleich?

A: Sie sind mit Bestimmtheit gleich — sie sind kreisförmig!

B: Gut. Was würden Sie nun sagen, wenn Sie hören, daß die drei Dinge bei psychologischen Tests, die in den dreißiger Jahren mit Analphabeten in Usbekistan gemacht wurden, als völlig verschieden voneinander angesehen wurden — das erste wurde als ein Armband bezeichnet, das zweite als der Mond und das dritte als eine Münze.

A: Wer hat diese Experimente gemacht?

B: Sie können darüber in A.R. Lurias Autobiographie *The Making of Mind* (Harvard University Press, 1979), Kapitel 4, lesen.

A: Diese Leute hatten eben nicht gelernt, die Form von einer Zeichnung zu abstrahieren.

B: Sie meinen, das sei ein Nachteil?

A: Mit Sicherheit.

B: Jetzt bedenken Sie aber — diese Leute sind keine Mathematiker oder Ingenieure, die Entwürfe betrachten — sie sind Bauern und Jäger, die Gegenstände nach undeutlichen Anhaltspunkten erkennen müssen. Ihre ganze Wahrnehmung ist objektgerichtet, und das ist notwendigerweise so, damit es ihrer Lebensweise angemessen ist. Es ist nicht nur so, daß sie Abstraktionen nicht brauchen, sie würden sie auch behindern.

A: Nun ja, bei der Lebensweise, die sie haben.

B: Genau — bei der Lebensweise, die sie haben.

A: Ihr Leben kann aber verbessert werden.

B: Das ist ein anderes Problem. Solange sie so leben, ist diese Art der Wahrnehmung die richtige. Wir wollen jetzt mit dem oben erwähnten Beispiel für Logik weitermachen. Im praktischen Leben nimmt man die Dinge oft ein jedes für sich. Man fragt sich: Ist es so? Ist es nicht so? Was weiß ich darüber? — und das ist alles.

A (zögernd): Zugegeben.

B: Und Aussagen zu vergleichen würde diesen Prozeß verlangsamen.

A: Es hätte andere Vorteile.

B: Wichtig ist, daß es *Vorteile hat,* nicht so zu verfahren, d.h. »logische Beziehungen« nicht zu erkennen. Das ist nicht einfach nur eine Frage von Dummheit. Und dann ist da auch eine Wahl — Was zieht man vor? Kann man beides haben? und so weiter. Ich kann mir nun gut vorstellen, daß es Geschöpfe gibt, für die das Betrachten der Beziehung von Aussagen zueinander eine völlige Lähmung des alltäglichen Lebens mit sich bringt. Meinen Sie, in so einem Fall sei es sinnvoll, von »universellen und objektiven Prinzipien des logischen Denkens« zu sprechen?

A: Menschen sind aber nicht so!

B: Genau — für *Menschen* ist es nützlich, diese Beziehungen zu betrachten; das ist alles, was wir sagen können. Und abgekürzt können wir sagen, daß es »objektive« Beziehungen sind, und dabei im Auge behalten, daß die Wahl einer bestimmten Lebensweise und nicht ein platonisches Muster dabei im Spiel ist.

A: Sie sind also doch Relativist.

B: In gewisser Weise, ja. Aber ich habe große Schwierigkeiten mit einigen Formen des Relativismus. Diesen Formen des Relativismus zufolge ist alles, was man sagt, nur »innerhalb eines bestimmten Systems« gültig. Das setzt voraus, (a) daß alle Elemente eines gegebenen Systems unzweideutig sind, d.h. sie ändern nie ihr Aussehen, während man sich ihnen im Verlauf seines Lebens innerhalb des Systems nähert, sie verhalten sich nie so wie das folgende Bild (das eine junge Frau zeigen, sich aber in eine alte Frau verwandeln kann), und die Begriffe erfahren nie analoge Veränderungen.

Denn wenn dies geschieht, dann enthält das System die Möglichkeit, sich selbst zunichte zu machen, d.h. es ist nicht wirklich ein System. Das ist eine sehr unrealistische Annahme; sie trifft nicht einmal für die Beziehung zwischen Mensch und Tier zu — denken Sie an das Zähmen. Es ist natürlich immer möglich, Aspekte und Reaktionen erstarren zu lassen, und auf diesem Gebiet haben einige Gruppen, Radikale von rechts und links eingeschlossen, ein großes Talent entwickelt. Sie lassen nicht nur traditionelle Ideen und Praktiken erstarren, die das Ergebnis langer und komplizierter Anpassungsprozesse sind, sondern auch die oberflächlichsten Schöpfungen des Augenblicks und sperren so sich selbst und andere in enge, licht- und luftlose ideologische Gefängnisse. Die Beziehung zwischen solchen Gefängnissen wird durch den Relativismus korrekt beschrieben — der Relativismus ist eine gute Darstellung der Ideen von Leuten, die Veränderungen nicht mögen und die Kommunikationsschwierigkeiten in Prinzipienfragen verwandeln. Aussagen, Emotionen und alle Äußerungen eines menschlichen Lebens als »relativ zu einem System« zu betrachten, bedeutet auch die Annahme, (b) daß man keine neuen Lebensweisen lernen kann. Denn wenn man das kann, dann ist ein System potentiell alle Systeme, und die Einschränkung »relativ zu einem System A« *ist zwar für spezielle Zwecke nützlich,* verliert aber ihre Stärke als eine *allgemeine Charakterisierung des Wissens.* Natürlich hat ein Lernprozeß, der von einem angenommenen »System« ausgeht, eine andere Struktur, als wenn er von einem anderen ausgeht, aber wie alles Lernen hat er die Tendenz, sich von dem »System« zu entfernen. Drittens haben verschiedene »Lebensformen«, wenn sie denselben Umweltbedingungen ausgesetzt sind, verschiedene Schicksale, und einigen ergeht es schlecht in den Augen derer, die sie praktizieren. Das zeigt, daß es auf der Welt so etwas wie einen Widerstand gibt. Aber — und damit komme ich zu einem sehr wichtigen Punkt, den Niels Bohr nachdrücklich betont hat — der Widerstand ist viel schwächer, als von den heutigen professionellen Realisten angenommen wird: Ein gutes Leben in einer nichttechnisierten Gesellschaft ohne Wissenschaft, aber mit anthropomorphen Göttern *ist* möglich. Das alte Griechenland, das republikanische Rom und das nach- Augusteische Rom sind Beispiele dafür. In Rom haben die Götter sogar an der Politik teilgenommen. Dennoch ist es unmöglich, jemals die »Widerstandsgesetze« zu finden, denn das würde eine Vorwegnahme der Ergebnisse aller zukünftigen historischen Entwicklungen bedeuten. Alles, was wir tun können, ist, die Schwierigkeiten, die wir in der Vergangenheit und unter ganz spezifischen historischen Bedingungen vorgefunden haben, zu beschreiben, mit der Welt wie mit einem Freund leben und unsere Gewohnheiten ändern, wenn das Leben schwer wird.

A: Was wird aber jetzt aus der Philosophie?

B: Wen kümmert das? Besondere Fächer interessieren mich nicht. Außerdem kümmern sich darum ja schon die Leute, die sich Philosophen nennen.

A: Aber Sie sind doch selbst einer!

B: Nein. Ich bin ein Professor der Philosophie.

A: Wo ist da der Unterschied?

B: Ein Philosoph ist ein freier Geist — ein Professor aber ist ein Beamter, der sich an einen Stundenplan halten muß, und der dafür bezahlt wird.

A: Finden Sie denn nichts Positives in der Philosophie?

B: Nicht in der »Philosophie«, sondern in Büchern und Erzählungen einiger Leute, die jetzt in dem Bereich schreiben — obgleich ich zugebe, daß ich sehr wenig von dem Zeug lese. Ich lese lieber historische Darstellungen, Kunstgeschichte eingeschlossen, die Werke von Physikern und natürlich Kriminalgeschichten, Romane; ich sehe mir auch Fernsehserien an wie *Dallas* und den *Denver Clan*. Ich habe eine grenzenlose Bewunderung für Plato und Aristoteles, das waren aber keine Philosophen — sie haben sich mit allem befaßt.

A: Ist das nicht die wahre Aufgabe der Philosophie?

B: Nun, wenn Sie meinen, daß ein Philosoph ein universeller Dilettant ist, der die Dinge im richtigen Verhältnis zu sehen versucht und versucht, die Menschen daran zu hindern, anderen ihre Überzeugung aufzuzwingen, sei es nun mit Argumenten oder mit anderen Druckmitteln, dann bin ich bestimmt ein Philosoph — aber das gilt dann auch für Journalisten und Stückeschreiber. Die meisten Leute aber, die sich heute Philosophen nennen, wollen »vom Fach« sein, das heißt, sie wollen die Dinge in besonderer Art und Weise angehen und sich so einen Platz abseits von den anderen menschlichen Tätigkeiten sichern.

A: Und dennoch, Sie reden sehr wohl über philosophische Fachfragen, über die Rationalität . . .

B: Ich rede über diese Themen, nicht weil sie philosophische Themen sind, sondern weil sie schlechte Wirkungen haben — die »Rationalität« ist oft dazu benutzt worden, Menschen zu versklaven oder sogar umzubringen. Robespierre war ein Rationalist . . .

A: Er war ein Dogmatiker, kein kritischer Rationalist . . .

B: Sie träumen wohl! Es hat kaum je eine so geistlose und gleichzeitig so dogmatische Bewegung wie diesen sogenannten »kritischen« Rationalismus gegeben. Die kritischen Rationalisten bringen keine Menschen um, das stimmt, aber sie töten ihren Geist ...

A: Das können Sie nicht sagen; die Idee, daß die Wissenschaft durch Falsifikationen vorankommt, ist eine wirkliche Entdeckung gewesen ...

B: Sie ist weder eine neue Entdeckung gewesen — viele Leute im Altertum und danach haben die Bedeutung von Gegenbeispielen erwähnt — noch ist die Aussage zutreffend: In den Wissenschaften haben viele bedeutende Veränderungen ohne jegliche Falsifikation stattgefunden. Die Falsifikation ist eine großartige Faustregel, als Bedingung wissenschaftlicher Rationalität ist sie hundsmiserabel ...

A: Tut mir leid, daß ich den kritischen Rationalismus erwähnt habe. Aber lassen Sie mich fortfahren: Sie haben einen neuen philosophischen Begriff in die Diskussion gebracht, den Begriff der Inkommensurabilität!

B: Das war nun bestimmt nicht als ein positiver Beitrag gemeint. Ich wollte damit eine weitverbreitete, in meinen Augen jedoch fehlgeleitete Ansicht über die Erklärung und die Reduktion kritisieren. Um diese Ansicht zu kritisieren, habe ich auf ein Merkmal wissenschaftlicher Veränderung hingewiesen, und ich habe dieses Merkmal »Inkommensurabilität« genannt. Die Inkommensurabilität ist meiner Ansicht nach kein Problem für die Wissenschaften oder überhaupt für irgendjemanden — sie ist ein Problem nur für ein paar sehr naive philosophische Theorien, und da diese Theorien als wesentliche Teile eines bestimmten Typs von »Rationalität« betrachtet wurden, für diesen Typ ebenfalls. Sie wurde jedoch zu einem inhaltsschweren Merkmal allen »kreativen Denkens« aufgebläht und bald dazu benutzt, gleichermaßen inhaltsschwere Gründe für den Mangel an Verständnis zwischen Kulturen und wissenschaftlichen Schulen zu liefern. Für mich ist das einfach Unsinn. Mißverständnisse gibt es nun mal. Sie treten oft auf, wenn Menschen verschiedene Bräuche haben oder verschiedene Sprachen sprechen. Das Phänomen, das ich Inkommensurabilität genannt habe, erklärt nur einen kleinen Teil dieser Mißverständnisse, und ich halte es nicht nur für naiv, sondern für *ausgesprochen verbrecherisch*, es zu einem Riesenungeheuer aufzublähen, das für alle Schwierigkeiten in der Wissenschaft und in der Welt im großen verantwortlich ist. Die Inkommensurabilität ist natürlich ein gefundenes Fressen für Philosophen und Soziologen — und damit meine ich Leute, die sich »Philosophen« oder »Soziologen« nennen —, die große Worte, simple Begriffe und platte Erklärungen mögen und gern den Eindruck erwecken, als verstünden sie die tiefen Gründe hinter schwierigen Angelegenheiten. Die Sache ist verbrecherisch, weil sie Schwierigkeiten betont, bei ihnen verweilt, Theorien darüber macht, anstatt zu versuchen, aus ihnen herauszukommen. Verschiedene Kulturen scheinen jetzt dazu verurteilt, aneinander vorbeizureden, gerade so wie Einstein dazu verurteilt schien, für immer die wunderbaren Entdeckungen der Quantentheorie mißzuverstehen. Keiner bezweifelt, daß Plato sich von Aristoteles unterscheidet, aber wir sollten nicht vergessen, daß Aristoteles zwanzig Jahre an der Akademie verbracht hat und sicher gelernt hat, den platonischen Jargon zu sprechen. Wir sollten auch daran denken, daß Bohr und Einstein sich gut leiden konnten, oft miteinander redeten, und daß Einstein Bohrs Art, seine Gegenbeispiele zu entschärfen, *akzeptierte*. Keine Spur von Inkommensurabilität! Er hatte natürlich trotzdem eine andere

Metaphysik, aber das ist keine Frage der Inkommensurabilität, außer für den doktrinärsten unter den Rationalisten.

A: Das war nun wirklich eine lange Rede. Was ich daraus entnehme, ist dies: Sie haben nichts dagegen, da und dort ein bißchen herumzubasteln, eine zusammenhängende Philosophie haben Sie aber nicht.

B: Sie haben recht — ich habe keine Philosophie, wenn Sie unter Philosophie eine Sammlung von Prinzipien und deren Anwendung oder eine grundlegende, gleichbleibende Einstellung verstehen. Ich habe aber in einem anderen Sinne eine Philosophie, ich habe eine Weltanschauung, ich kann sie aber nicht darlegen, sie zeigt sich erst, wenn ich auf etwas stoße, das ihr widerspricht; sie verändert sich auch, und sie ist eher eine Art von Haltung als eine Theorie, es sei denn, Sie verstehen unter »Theorie« eine Geschichte, deren Inhalt nie derselbe bleibt.

A: Jetzt verstehe ich, warum Philosophen nichts mit Ihnen zu tun haben wollen.

B: Und das mit Recht, denn ich bin nicht einer von ihnen. Die meisten Philosophen, die über Relativismus reden, reden von Rorty, der mit ihren Vorstellungen übereinstimmt, oder von Kuhn, der eine Theorie hat und sehr bemüht ist, professionelle Philosophen zu beschwichtigen, oder von Soziologen wie Bloor, die wiederum Theorien haben. Und die Existenzialisten haben schon ihre Helden — Kierkegaard und Heidegger. Außerdem haben sich Rorty, Kuhn, Bloor, Heidegger festgelegt in dem Sinn, daß sie sich als vom Fach betrachten und ihr »Werk« zum Mittelpunkt ihres Lebens machen. Ich bin nicht vom Fach, ich will es nicht sein, und ich denke selten »philosophisch«. Ich habe nie Philosophie studiert — meinen ersten Philosophiejob habe ich durch Freunde und die Vermittlung von Schrödinger bekommen, der

mich als Student kannte – und wenn ich das eine oder
das andere philosophische Buch gelesen habe, so geschah das aus einer vorübergehenden Laune heraus und
nicht wegen eines Gesamtplans.

A: Man hat Ihr Werk aber mit dem Poppers oder Kuhns in
Verbindung gebracht.

B: Nichts weiter als ein Irrtum. Ich kannte Popper und seine
Mitarbeiter und habe mich mit ihnen in ihrer Sprache
unterhalten, wie man das unter höflichen Leuten tut. Die
Gespräche sind veröffentlicht worden – und jetzt meinen manche Leute, ich sei Popperianer.

A: Sind Sie's?

B: Soll das ein Witz sein?

A: Was ist mit Kuhn? Er ist so etwas wie ein Relativist, Sie
scheinen Relativist zu sein; er argumentiert historisch,
Sie argumentieren historisch – und Sie reden beide von
der Inkommensurabilität.

B: Ja, ich habe viel von Kuhn gelernt. Er war es (und Carl
Friedrich von Weizsäcker), der mich davon überzeugte,
daß man die Wissenschaft, die Künste etc. etc. historisch
betrachten muß, indem man ihre Lebensgeschichte
nachzeichnet, und nicht logisch, d.h. indem man dauerhafte Strukturen zu erfassen versucht. Analogien gibt es
– aber keine dauerhaften Strukturen. Jetzt, wo ich das
von Kuhn gelernt habe, ist mir ziemlich unbehaglich,
wenn ich an seinen Versuch denke, wieder Theorien
einzuführen (die Rolle der Normalwissenschaft, der Revolution etc.), und an seine neueren Versuche, eine philosophische »Grundlage« für diese Theorien zu finden. Da
werden, so sage ich, Tatsachen durch Phantasien ersetzt.

A: Jetzt reden Sie wie ein Positivist.

B: Warum auch nicht? Die Positivisten haben Irrtümer
gemacht, aber sie hatten auch viel Interessantes zu sagen,

vor allem Neurath. Auf jeden Fall gibt es die Geschichte — und die Geschichte besteht aus einer großen Vielfalt von Stories — und es gibt die wissenschaftliche Praxis, die Teil der Geschichte ist. Das ist alles. Kuhn und ich sind auch auf verschiedenen Wegen zur Inkommensurabilität gekommen und wir haben verschiedene Meinungen darüber. Kuhn hat die Inkommensurabilität im Lauf seiner historischen Studien gefunden, ich habe sie im Verlauf eines Studiums der alten positivistischen Debatte über Basissätze gefunden. Er betrachtet sie als ein wichtiges Merkmal wissenschaftlicher Veränderungen, ich betrachte sie als einen sanften Furz, der ein paar heruntergebrannte positivistische Kerzen ausbläst.

A: Und der Relativismus?

B: Ich glaube nicht, daß Kuhn Relativist ist, obgleich viele Leute ihn dessen bezichtigen. Ich bin Relativist gewesen, zumindest nach einer der vielen Bedeutungen dieses Wortes, aber jetzt betrachte ich den Relativismus als eine sehr nützliche und vor allem menschliche Annäherung an eine bessere Ansicht . . .

A: Welche Ansicht?

B: Ich habe sie noch nicht gefunden.

A: Lassen Sie uns jetzt auf Ihr Philosoph-Sein zurückkommen —

B: . . . ja, das ist ein wichtiger Unterschied zwischen Kuhn und mir. Kuhn strebt danach, ein Philosoph zu sein, einer vom Fach. Das ist nicht mein Ziel, angenommen, ich habe welche . . .

A: Sie haben aber viel geschrieben, eine ganz schöne Menge — es gibt zwei Bände Ihrer gesammelten Aufsätze, und selbst die enthalten nicht alle Sachen, die Sie geschrieben haben.

B: Das war keine Absicht. Vor zwanzig oder dreißig Jahren bin ich viel gereist und habe viele Vorträge gehalten. Ich habe gern Vorträge gehalten; man hat mir die Reisekosten gezahlt, ich habe Freunde getroffen und konnte die Leute aus der Fassung bringen, indem ich in aller Öffentlichkeit verrückte Ideen vortrug. Ich habe meine Vorträge nie vorbereitet — ein paar Notizen, und der Rest war Eingebung. In vielen Fällen waren meine Vorträge jedoch Teil einer Vorlesungsreihe, und daher drängten mich die Herausgeber, sie aufzuschreiben. So sind die meisten meiner Schriften entstanden.

A: Und *Wider den Methodenzwang?*

B: Nun, ich habe Ihnen ja schon gesagt: Lakatos schlug vor, daß wir ein Buch zusammen schreiben, und die Idee hat mir gefallen. Beim Schreiben von *Wider den Methodenzwang* habe ich gesagt: »Das ist das letzte Mal, daß ich irgendwas schreibe; jetzt will ich meine Ruhe haben, fernsehen, in der Sonne liegen, ins Kino gehen, ein paar Affären haben und nur das Minimum an Vorbereitung für die Vorlesungen machen, die mich finanziell über Wasser halten.«

A: Aber Sie haben weitergeschrieben.

B: Das war der größte Fehler meines Lebens. Wissen Sie, ich hätte *nie* gedacht, daß *Wider den Methodenzwang* ein solches Aufsehen erregen würde — es ist mittlerweile in 18 Sprachen übersetzt, als letztes in rumänisch, koreanisch steht an. Es hat Beschreibungen, Kritiken, Angriffe in größeren Zeitschriften gegeben, zum Beispiel in *Science*, da haben sie extra einen Fotografen geschickt, um ein Foto von mir mit meinem King-Kong-Poster im Hintergrund aufzunehmen, in *The New York Review of Books* und so weiter. Von den meisten Kritiken wußte ich nichts, ich lese keine intellektuellen Zeitschriften, ein paar sind mir von Freunden geschickt worden — und fast alle waren entsetzlich dumm. Dieses Phänomen war mir unbekannt — meine früheren Diskussionen haben in kleinem Kreis stattgefunden mit Leuten, die ich sehr gut kannte und die mich kannten — mich hat das überrascht, und ich habe den Fehler gemacht, mich in die Debatte hineinziehen zu lassen. Das war Zeit- und Energiever- schwendung.

A: Und jetzt wollen Sie endgültig aufhören zu schreiben.

B: Leider bin ich noch nicht soweit. Ich habe Grazia, mei- ner Freundin — die jetzt meine geliebte Frau ist — ver- sprochen, ein Buch über »die Realität« zu schreiben.

A: Die Realität?

B: Ja, die Realität — das ist nur ein Arbeitstitel. Es wird von Problemen der Quantentheorie handeln, von spätmittel- alterlicher Malerei, römischer Bildhauerei, mittelalterli- cher Musik, von Brecht, Stanislavskij — und vielen ande- ren Dingen, und es wird diese Dinge in Kürze behan- deln, auf nicht mehr als 120 Seiten. Dazu brauche ich vielleicht noch weitere zehn Jahre — ich habe es über- haupt nicht eilig — und viele Bilder werden darin sein. Ich werde auch eine Autobiographie schreiben.

A: Sie müssen ja eine sehr hohe Meinung von sich haben, um eine Autobiographie zu schreiben!

B: Nein, nein — das ist es nicht. 1988 hat Österreich seinen Anschluß an Deutschland gefeiert — »gefeiert« kann man eigentlich nicht sagen, es war eine Gedenkveranstaltung: vor fünfzig Jahren wurde Österreich Teil des Reichs. Viele Österreicher haben gejubelt, als sich das ereignete — es hat einen ungeheuren Begeisterungssturm gegeben. Jetzt, im Jahr 1988, war die Frage: was tun? Ein paar gute und umsichtige Leute wollten eine Geste, sie wollten sinnvoll an die Vergangenheit denken. Ihnen schlossen sich Lügner, Heuchler, Ignoranten und alle möglichen Leute mit Sonderinteressen an – so sah die ganze Sache wenigstens für mich aus der Ferne aus, in den USA oder in der Schweiz. Ich habe mir die Festlichkeiten im Fernsehen angesehen und war ziemlich deprimiert. Da war Waldheim. Ich kann den Kerl nicht ausstehen, und ich war vor langer Zeit peinlich berührt, als er Generalsekretär der Vereinten Nationen wurde. »Dieser Creep* ist Österreicher?« habe ich mich gefragt. (Denken Sie daran, ich bin immer noch österreichischer Staatsbürger!) Ich weiß nicht, was er während des Zweiten Weltkriegs angestellt hat, aber ich weiß, daß mir das, was er jetzt tut, nicht gefällt. Es gab schön polierte Verurteilungen und langatmige humanitäre Arien. Viele gute Leute haben sich beteiligt, das sagte ich schon, trotzdem hatte ich das Gefühl, daß alles, was ich hörte, hohle Parolen und leere Versprechungen waren. Ich kann mir das Fiasko sehr wohl erklären – Menschlichkeit läßt sich einfach nicht durch Abstraktionen ausdrücken, und Parolen sind nicht für eine Wiederherstellung geeignet. Also habe ich an eine andere Art gedacht, mit diesem Ereignis umzugehen. Viele prominente Österreicher haben die Besatzung als Kind erlebt und sind Soldat im Zweiten Weltkrieg gewesen. »Warum sprechen diese Österreicher nicht über ihre Erfahrungen und Gefühle?« habe ich mich gefragt, »ihre Gefühle, wie sie sich während der verhängnisvollen Jahre gezeigt haben, ohne irgend etwas zu verbergen. Vielleicht waren sie begeistert, warum sagen sie nicht genau, was sie gefühlt haben, und wie sich ihre Einstellung im Lauf der Jahre geändert hat? Ein Bekenntnis, ein ehrli-

---

* Ausgezeichneter englischer Ausdruck, nicht ins Deutsche übertragbar.

cher Bericht, keine süßlichen Empfindungen, keine verlogene Selbstrechtfertigung! Ingmar Bergman sagt in seiner Autobiographie, wie er als Austauschstudent in Deutschland Hitler zu lieben begann — er sagt das einfach, ohne Erklärungen, bloß als Feststellung einer Tatsache — warum können wir es nicht genauso machen?« Nun, ich bin kein prominenter Österreicher, aber meine Sachen werden von ein paar Leuten gelesen, ich bin Offizier in der deutschen Wehrmacht gewesen, warum, so habe ich mir gesagt, beginne ich nicht, indem ich meine eigene Geschichte erzähle? Es gibt einen zweiten Grund, warum ich den Plan attraktiv finde. Ich habe keine Aufzeichnungen, keine Kartei, Briefe beantworte ich und werfe sie sofort weg, ich habe nichts Denkwürdiges von meinen Eltern und Verwandten — alles, was ich habe, sind meine Erinnerungen. Ich habe viele Dinge vergessen, andere habe ich durcheinandergebracht, eine Zeit glaubte ich, ich sei während des Kriegs in Kiew gewesen — ich war nie dort — und so wollte ich auch mein Gedächtnis auffrischen und meine Vergangenheit erforschen. Das ist nebenbei bemerkt, eine viel bessere Art, seine »Ansichten«, das heißt die besonderen Ergüsse, die man in Büchern und Abhandlungen unterbringt, zu erklären, als eine »intellektuelle Biographie«, die nur Ideen enthält und nie erwähnt, wann und wie man zum ersten Mal verführt worden ist. Einstein hat eine intellektuelle Autobiographie geschrieben, und er betont, daß er sich nur an Ideen hält. Im Prinzip unterscheidet sich das gar nicht von der berühmten Autobiographie der Josefine Mutzenbacher, in der man die Heldin durch all ihre sexuellen Abenteuer hindurch begleitet, ohne das geringste darüber zu erfahren, welche Filme sie gesehen oder welche Bücher sie gelesen hat. Es ist eine Karikatur. Aus all diesen Gründen will ich also eine Autobiographie schreiben, und der Titel wird sein *Zeitverschwendung,* denn ein großer Teil meines Lebens war leider nutzloses Herumlungern und Warten. Aber danach, das verspreche ich Ihnen, werde ich den Mund und endgültig Frieden halten.

A: Und das soll Ihnen irgend jemand glauben?

B: Abwarten!

Erkenntnis ohne Theorie
Vom Nachteil der Abstraktion und vom Recht des Besonderen

Propheten des Verfalls — recht zahlreich in einer Zeit, die sie selber die »Postmoderne« nennen — haben das Ende der Epistemologie ausgerufen. Sie drückten sich nicht einfach aus, sagten nicht: »die Epistemologie stinkt«, »die Epistemologie ist unproduktiv«, »die Epistemologie ist Blödsinn«. Vielmehr wandten sie die Methoden an, wie die Dekonstruktion oder die Hermeneutik, die noch unverständlicher sind als das Monstrum, das sie auszutreiben versuchten. Nun stimmt es zwar, daß Erkenntnistheorien viel von ihrem einstigen Biß verloren haben und sich nur deshalb noch zu behaupten scheinen, weil ihre Verfechter so erstaunlich blind sind. Es gibt aber bessere Wege, dieses Phänomen anzugehen, als die erwähnten Methoden. Einer der besseren Wege (den ich hier einschlagen möchte) besteht darin, den Gang der Epistemologie von ihren Anfängen bis in die Gegenwart zu verfolgen. Anfänge sind schwer zu fassen. Wann entstand die Astronomie? Seidenberg und van der Waerden behaupten, schon zwischen 3000 und 2500 v. Chr. habe sich eine internationale Mathematik und Astronomie von Mitteleuropa auf die britischen Inseln, in den Nahen Osten, nach Indien und nach China ausgebreitet. De Santillana und von Dechend vermuten, daß das Vorrücken der Tagundnachtgleichen entdeckt wurde, als das Frühlingsäquinoktium aus dem Sternbild der Zwillinge heraustrat. Alexander Marshacks Forschung legt nahe, daß es schon um 30 000 v. Chr. astronomisch relevante Aufzeichnungen gab. Und so fort. Trotz aller Ungewißheit bezüglich der absoluten Anfänge können wir jedoch historische Einschnitte als *relative* Ausgangspunkte neuer Phänomene ansehen. Der Einschnitt, den ich vor Augen habe, erfolgte zwischen 900 und 500 v. Chr. in Griechenland.

Die sozialen Hintergründe der Erkenntnistheorie

Das war eine Zeit großer Umwälzungen. Heroische Lebensformen traten ab, der Stadtstaat mit seinen ganz anderen Anforderungen nahm ihren Platz ein (die daraus resultierenden Konflikte spielten in der Tragödie eine wichtige Rolle). Geld ersetzte den Gaben- und Gütertausch, lokale Götter verschmolzen, wurden zwar mächtiger, dafür aber weniger konkret und menschlich. Statt persönlicher Beziehungen definierten abstrakte Gesetze die Rolle der Bürger innerhalb der Demokratie, Kriege wurden zunehmend von Berufssoldaten geführt — und so fort. Diese Umwälzungen kamen teils »von selbst«, teils gingen sie mit Bemühungen einher, eine verfahrene Situation zu überwinden (so die meisten demokratischen Impulse). Inmitten dieses Durcheinanders entstand die Epistemologie, und zwar in der folgenden Weise.

Wir beginnen mit einem breiten Spektrum »epistemischer« Begriffe für die vielen Situationen des menschlichen Lebens und für die zahllosen Reaktionsweisen des Menschen auf seine Welt: Objekte galten als Aggregate von Ereignissen, nicht als »reale«, von trügerischen »Erscheinungen« umgebene »Substanzen«. Eines der ältesten Argumente für die

Skepsis, das sich bei Sextus Empiricus findet und noch in Ayers Buch *Foundations of Empirical Knowledge* (1940) auftritt, lautet: Ein ins Wasser eingetauchtes Ruder erscheint dem Auge geknickt, fühlt sich aber gerade an. Wenn wir Erscheinung von Realität abgrenzen und annehmen, daß sich die Realität durch ihre Erscheinungen enthüllt, geraten wir in einen Widerspruch. Kein Widerspruch entsteht jedoch, wenn das getastete und das gesehene Ruder als Ruder-Ereignisse aufgefaßt werden, die zusammen mit gleichartigen Ereignissen das Objekt »Ruder« bilden. Schließlich wurde nicht streng zwischen physischen Eigenschaften und ihren emotionalen Auswirkungen unterschieden. Die physische Hitze und die Hitze der Leidenschaft waren eng verknüpft. Das alles änderte sich im Lauf der beschriebenen Entwicklung. Die Veränderungen waren so drastisch, daß man von einem »Anfang« sprechen kann. Dieser Anfang oder, wie ich ihn nennen werde, die Entstehung der westlichen Epistemologie, hat folgende Merkmale:

Erstens verengt sich das Spektrum der »epistemischen« Begriffe erheblich. Einige Begriffe verschwinden, andere rükken in ihrer Bedeutung zusammen und verschmelzen schließlich. *Zweitens* differenziert sich innerhalb der Objekte allmählich, was man später ihre »Realität« und ihre (oft trügerischen) »Erscheinungsweisen« nennen wird. Wie die übrigen gesellschaftlichen Veränderungen vollzogen sich auch diese beiden ohne bewußte, zielgerichtete Maßnahmen von einzelnen oder von Gruppen. Niemand sagte: »Wir müssen unsere Sprache erneuern und effizienter gestalten.« Der Prozeß glich in seiner Anonymität eher dem allmählichen Übergang vom Gaben- zum Gütertausch und von diesem zur Geldwirtschaft.

Ein Beispiel für die Veränderung der zweiten Art zeigt sich im Neunten Gesang der *Ilias*. Achilles war von Agamemnon entehrt worden und hatte das Schlachtfeld verlassen. Boten (darunter auch Odysseus) geben zu, daß Entehrung vorlag; aber, sagen sie, alles ist jetzt geregelt, und die Ehre des Achilles ist wiederhergestellt. Nun war die Ehre, wie das schon erwähnte Ruder, ein Aggregat individueller und kollektiver Handlungen und Ereignisse. Elemente des Aggregats waren: die Funktion des Individuums, das Ehre besitzt oder nicht, in der Schlacht, in der Ratsversammlung, bei internen Konflikten; seine Stellung in öffentlichen Zeremonien; die Beutestücke und Gaben, die ihm zustanden, wenn die Schlacht geschlagen war, und natürlich sein Auftreten bei allen diesen Anlässen. Ehre zeigte sich, wenn die (meisten) Elemente des Aggregats zusammenkamen, ansonsten fehlte sie. Die von den Boten aufgezählten Schritte entsprechen dem Protokoll — Achilles' Ehre war in der Tat wiederhergestellt. Achilles ist anderer Ansicht. »Gleiches Los«, klagt er, »wird dem säumigen Mann und dem eifrigen Krieger/Gleiche Ehre genießt der Feigling wie der Beherzte/Auch der Müßige stirbt gleich dem, der vieles gewirkt hat.« Damit verwandelt er die traditionellen Elemente oder Teile der Ehre in unzuverlässige Erscheinungen einer neuen Entität, die mit den überkommenen Auffassungen kollidiert, arm an Inhalt ist, aber schließlich mächiger wird als ihre konkrete Vorläuferin. Das ist ein frühes Beispiel für die Dichotomie »real/erscheinend«, die bald darauf zu einem Grundmuster der Erkenntnis wird.

Die Reaktion der Philosophen

Ich wiederhole, daß die bislang beschriebenen Veränderungen weder von Argumenten gestützt noch bewußt von speziellen Berufsgruppen gefördert wurden. *Sie traten einfach ein.* Das dritte Merkmal des »Aufstiegs der Epistemologie«

war, daß eine aggressive neue Gruppe von Sozialkritikern —
die Philosophen — parasitär von den Veränderungen lebten.
Sie übertrieben deren Relevanz, verhöhnten das Gewesene
und wurden nur angehört, weil die Saat bereits gelegt war.
Nehmen wir zwei Bemerkungen des Xenophanes:
»Wenn Kühe, Pferde oder Löwen Hände hätten und damit
malen und Werke wie die Menschen schaffen könnten,
dann würden die Pferde pferde-, die Kühe kuhähnliche Göt-
terbilder malen und solche Gestalten schaffen wie sie selber
haben.«
»Die Äthiopier stellen sich ihre Götter schwarz und stumpf-
nasig vor, die Thraker dagegen blauäugig und rothaarig.«*
Sehen wir uns nun an, was einige moderne Autoren über diese
Zeilen schrieben. Guthrie spricht von »destruktiver Kritik«.
Mircea Eliade, sonst in gesellschaftlichen Fragen ein kluger
Richter, lobt: »Sehr scharfsinnig kritisiert er den Antropomor-
phismus der Götter.« Karl Popper sieht in den Fragmenten »die
Entdeckung, daß die griechischen Göttergeschichten nicht
ernst zu nehmen sind, weil sie die Götter als Menschen darstel-
len«. Nietzsche liefert folgenden bombastischen Kommentar:
»Denn keine Mode kam ihnen (den Philosophen) hilfreich
und erleichternd entgegen. So bilden sie zusammen das, was
Schopenhauer im Gegensatz zu der Gelehrten-Republik eine
Genialen-Republik genannt hat: ein Riese ruft einem anderen
durch die öden Zwischenräume der Zeiten zu, und ungestört
durch mutwilliges lärmendes Gezwerge, welches unter ihnen
wegkriecht, setzt sich das hohe Geistergespräch fort.«
Hegel schrieb gelassener: »So hatten sie in der sinnlichen
Welt nichts Höheres vor sich, standen isoliert. Und indem
sie darin keine Befriedigung finden, werfen sie dies alles weg
als ein Unwahres und kommen so zum reinen Gedanken.«

---

* Wilhelm Capelle (Hg.). *Die Vorsokratiker*, Stuttgart 1968.

Indem sie sich auf die Meinungen besonderer Individuen konzentrieren und selbstverständlich davon ausgehen, die Rede allein schon könne, treffend gestaltet und präsentiert, die mächtigste Tradition unterhöhlen, übersehen diese Herren, daß die Kritik des Xenophanes nur darum wirkte, weil anthropomorphe Götter nicht mehr in Mode waren — seine Bemerkungen sind ja nur Folgen populärer Ansichten. »Du hast ja so recht«, hätte ein Gläubiger sagen können: »Unsere Götter sind Stammesgötter; sie sehen aus wie wir, denken wie wir, sind aber sehr viel mächtiger. Ich vermute, daß andere Stämme oder Völker nicht nur eigene Herrscher, sondern auch eigene Götter haben, und daß sogar den Tieren spezielle Götter eigen sind.«

Xenophanes hat also nicht mit der Beseitigung der anthropomorphen Götter *begonnen,* er hat nur ein Phänomen artikuliert, das schon vor ihm »*im lärmenden Gezwerge*« aufgetreten war, ohne dessen Zustimmung sein Spott nur Verwirrung gestiftet hätte. Denn die lokalen Götter waren in der Tat miteinander verschmolzen, hatten ihre individuellen Merkmale zum Teil abgelgt, waren mächtiger, dafür aber weniger typisch, prägnant und human geworden — sie standen schon im Begriff, reines Sein zu werden. (Gilbert Murray mutmaßt, daß die Differenzen zwischen den lokalen Göttern durch das Reisen eingeebnet wurden.) *Vor diesem Hintergrund klang* der Spott des Xenophanes wie ein Argument — mehr können wir nicht sagen.

Diese Situation enthüllt eine Eigenschaft von Argumenten, die viele platonisierende Logiker und Philosophen nicht kennen: Man kann jede Darstellung sehr unterschiedlich deuten, etwa als eine Erklärung für Dinge, die man akzeptiert, oder eine ironische Charakterisierung, die man ablehnt, als eine Kunstschau, als Beispiel für ein gültiges Argument, und so fort. Die Sequenz:

Baumwolle braucht ein warmes, trockenes Klima;
England ist kalt und feucht;
Baumwolle wächst nicht in England

enthält für die bäuerlichen Analphabeten in »Usbekistan in den dreißiger Jahren«* drei grundverschiedene Informationen; für einen Logikstudenten in Berkeley ist sie ein simpler Schluß. Aber der Student ist den Bauern nicht voraus; in ihre Lage versetzt und mit mehreren Fakten konfrontiert, wird er Zusammenhänge sehen, ohne sich auf die einzelnen Aspekte konzentrieren zu können, und seine Reaktion auf diese wird sich verlangsamen. Jedenfalls *wurden* die Zeilen des Xenophanes zur Kritik, weil sie in einem bestimmten Umfeld auftraten; sie haben dieses Umfeld aber nicht geschaffen.

Der Höhepunkt dieser Entwicklung ist *Parmenides*. Auf den ersten Blick scheint er eine ältere (und noch heute lebendige) Forschungstradition fortzusetzen: den Versuch, die vielfältigen Ereignisse der Welt auf einfache Grundprinzipien zu reduzieren. Gemäß Thales (so jedenfalls Aristoteles), war das Grundprinzip ein Element: Wasser. Thales hatte wahrscheinlich Argumente für seine Wahl, wie Prout für die Annahme, das Wasserstoffatom bilde einen Grundbaustein der Natur.

Anaximander ersetzte das Wasser durch eine unbestimmte Substanz, die unterschiedliche Formen annehmen konnte, genannt *apeiron*. Anaximenes entschied sich für die Luft und führte ebenfalls sehr plausible Argumente ins Feld. Parmenides macht einen Vorschlag, der dieser Reihe scheinbar genau entspricht: Die gesuchte Entität ist weder das Wasser noch das *apeiron*, noch die Luft — sondern das Sein. Parme-

---

* A. R. Luria, *The Making of Mind*, Cambridge, Mass., 1979

nides stützte seine Wahl jedoch nicht auf Plausibilität, sondern auf logisches Denken; er nagelte die Konsequenzen fest und trennte sie von der Tradition und von der alltäglichen Erfahrung genau so, wie heutige Wissenschaftler ihre theoretischen Konzepte von dem trennen, was sie sehen und hören, wenn sie zu Hause Geschirr spülen.

Parmenides hatte die Logik keineswegs erfunden — logische Formen und Argumentationsfiguren spielten in der griechischen und nahöstlichen Jurisprudenz eine wichtige Rolle. Er vereinfachte jedoch den Kontext, setzte ihn absolut und stützte sich fast nur auf jenen Argumentationstypus, den man heute *reductio ad absurdum* nennt. Seine Prämisse — *estin:* »Das Sein ist« — ist das erste Erhaltungsgesetz des Westens; es postuliert die Erhaltung des Seins. Dieses Gesetz beeinflußte das Denken über die Natur entweder direkt (Lavoisier, Robert Mayer) oder indirekt bis heute. Es erschien, wenigstens einigen seiner Zuhörer und Leser, aufgrund der oben beschriebenen Neigung zur Abstraktion plausibel. Aus seiner Prämisse leitet Parmenides ab, daß sein Sein unwandelbar ist und keine Teile hat. Es ändert sich nicht: Für das Sein könnte Veränderung nur Übergang ins Nichts bedeuten; das Nichts existiert aber nicht, also bleibt das Sein unverändert. Es hat auch keine Teile: Ein Teil muß sich vom Rest unterscheiden; der einzig mögliche Unterschied wäre der zwischen Sein und Nichts; da das Nichts nicht existiert, kann es keine Teile geben. (Hier folgt eine interessante Theorie der Kontinuität, die von Aristoteles ausgeführt wurde und die der Galileis oder Weyls weit überlegen ist.) Die für unseren Zweck wichtigste Schlußfolgerung ist jedoch dieses: die Resultate des Parmenides widersprechen der Erfahrung, der Tradition und dem Commonsense, die alle Veränderung und Unterteilung voraussetzen. Parmenides folgert, daß Erfahrung, Tradition und Alltagswissen, oder, um seine Formulierung zu verwenden, *ethos polypeiron*, keine Erkenntnis vermitteln; das ist die Aufgabe des Denkens allein.

Damit haben wir die erste explizite westliche Erkenntnistheorie. Sie unterscheidet zwischen realen, objektiven, zuverlässigen etc. (ich verwende hier moderne Begriffe) und irrealen, subjektiven, irreführenden Phänomenen. Diese Aufspaltung hat sich bis heute gehalten. Sie liegt der Unterscheidung zwischen Kunst und Wissenschaft und in dieser zwischen systematischen (objektiven, normierten) und anekdotischen (subjektiven, historischen) Daten zugrunde. Sie spielte (und spielt) eine wichtige Rolle in Debatten über die Wissenschaftlichkeit gewisser Formen der historischen Forschung. Besonders die Sozialwissenschaften wurden verzerrt, indem man versuchte, sie den parmenideischen Ideen anzupassen. Die Dichotomie diente auch dazu, die Herrschaft des Westens über nicht-westliche Stämme, Nationen, Kulturen intellektuell zu rechtfertigen. Man beachte übrigens, daß Parmenides' Theorie nicht einfach widerlegt werden kann, indem man auf das empirische Faktum des Wandels hinweist. Gemäß Parmenides ist dieses »Faktum« genauso eine Schimäre, wie geträumte Levitationen für Newtonianer scheinhaft sind. Man braucht weitere Hinweise, um es in eine Quelle der Wahrheit zu verwandeln (Umwälzungen wie die »Kopernikanische Wende« wurden entstellt, als man dieses Merkmal des begrifflichen Wandels außer acht ließ).

Ich komme jetzt, *viertens*, zu einigen Konsequenzen der Argumente des Parmenides. Wie gezeigt, entwickelten sich diese Konsequenzen unter dem Einfluß einer starken Neigung zur Abstraktion und zur Theorie. Nicht alle folgten direkt aus der Lektüre von Parmenides' Lehrgedicht. Gleichwohl war dieses sehr einflußreich, wenn auch oft in indirekter Weise.

Philosophische Einflüsse in Wissenschaft und Praxis

In der Mathematik wurden Definitionen und Argumente, die sich auf Konstruktionen stützten, zunehmend um abstrakte Elemente erweitert und oft sogar durch diese ersetzt. Arpad Szabo führt das auf das Eindringen indirekter Beweise zurück und meint, Parmenides habe als erster solche Beweise verwendet. Andere widersprechen. Das Vertrauen auf wahrnehmbare Symmetrien (vgl. die folgende Abbildung, aus der sich ergibt, daß die Winkelsumme im Dreieck gleich ist dem »geraden Winkel« von 180 Grad) wurde allmählich durch die Forderung nach theoretisch strengeren Methoden unterminiert. Der daraus folgende Gegensatz von Intuition und Denken, Konstruktion und logischem Beweis, hat sich bis heute erhalten.

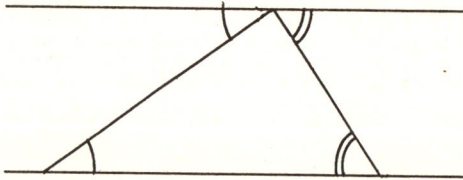

In der Medizin ist der Einfluß des Parmenides leichter nachweisbar. Die traditionelle Medizin, wie sie in einigen Teilen des *Corpus hippocraticum* beschrieben wird, war eine empirische Disziplin. Es gab keine abstrakte Definition der Krankheit, sondern nur Kataloge von Gebrechen als Richtlinien für jene, die bereits ausgebildet waren, die einschlägigen

Symptome zu diagnostizieren. Der Arzt verließ sich auf sein Gespür, seine Augen, Ohren, Hände und auf seine Fähigkeit, komplexe Zusammenhänge zu erkennen. Empedokles, der Parmenides folgte, definierte Krankheit rein theoretisch. Er nahm vier Elemente an: Wasser, Feuer, Erde und Luft. Damit meinte er abstrakte Wesenheiten, nicht die Substanzen, die im Altertum mit diesen Begriffen assoziiert wurden. Alles, der menschliche Körper inbegriffen, sollte aus diesen Wesenheiten bestehen, und Krankheit war als Ungleichgewicht zwischen ihnen definiert. Die praktischen Ärzte reagierten schnell und klar. »Ich weiß aber wirklich nicht«, schrieb der Verfasser der Abhandlung *Die alte Heilkunst* im 15. Kapitel, »wie eigentlich die, die jene Lehre vertreten und die ärztliche Kunst (techne) von der mir beschriebenen Methode weg auf den Weg der Hypothese führen (also theoretische Prinzipien einführen), die Menschen nun im Sinne ihrer Hypothese behandeln wollen. Denn ich glaube, sie haben doch nicht ein Warmes oder Kaltes, ein Trockenes oder Feuchtes entdeckt (die abstrakten Elemente des Empedokles), das für sich allein steht und mit keiner anderen Form Gemeinschaft hat; vielmehr meine ich, es stehen ihnen dieselben Speisen und Getränke zur Verfügung, deren wir uns alle bedienen. Sie legen aber dem einen die Qualität des Warmen, dem anderen die des Kalten, dem dritten die des Trockenen, dem vierten die des Feuchten bei. Denn es ist ja unmöglich, dem Kranken zu verordnen, er solle etwas Warmes zu sich nehmen. Dann wird er nämlich gleich fragen: »*Was denn?*‹, *und man muß entweder allgemeine Redensarten machen oder seine Zuflucht zu einem der vertrauten Nahrungsmittel nehmen.*«*

Am erstaunlichsten wirkten sich die Überlegungen des Parmenides bei seinen Gegnern aus. Bereits die Sophisten for-

*   Hans Diller (Hg.), *Hippokrates. Schriften*, Reinbek 1962, S. 215.

mulierten ihre Einwände und Alternativen in seinem Sinne. So gehörten die Sinneseindrücke der antiken Empiristen nicht der alltäglichen Erfahrung an, sondern waren theoretische Konstrukte ähnlich dem Einen des Parmenides. Die von Relativisten aufgeführten Kulturen sind keine Lebewesen, die sich verändern und aufeinander einwirken, sondern Fälle des *ethos polypeiron*. Überdies blieben sowohl die antiken als auch die modernen Gegner bei einer *Theorie* der Erkenntnis, das heißt sie versuchten, Daten aller Art unter einem einzigen (ziemlich leeren) Begriff zusammenzufassen. Nur die Skeptiker (die antiken, nicht Hume) entgingen dieser Falle. Der Einfluß der alten Theoretiker und des Hintergrunds, der ihren Behauptungen Gewicht verlieh, war in der Tat enorm.

Bereiche, die den Einflüssen Widerstand leisten

Allerdings handelte es sich — und dieser wichtige Einwand kompliziert die Sache noch mehr — nicht um den einzigen Einfluß. Ältere Einstellungen und Denkweisen blieben am Leben und fanden bei den Sophisten und in Aristoteles mächtige (doch, wie gezeigt, leicht infizierte) Verfechter. Platon, der vom »alten Streit zwischen Philosophie und Dichtkunst« sprach, bezeugte indirekt ihre Macht. Die spontanen Antworten auf Sokrates' Fragen nach dem »Was ist...?« sind immer Aufzählungen, wobei sich die Befragten dem sokratischen Drang zur Einheit widersetzen. Unterdessen haben Philosophen wie Wittgenstein und — detaillierter — Austin gezeigt, wie komplex, vielfältig und *vernünftig* Commonsense-Erklärungen sind verglichen mit philosophischen Analysen. Sie stützen »die andere Seite«, die sich übrigens in Form von Nominalismus, Empirismus, Skeptizismus und Historismus mehrfach zu Wort meldete, jedoch immer zurechtgerückt durch ihr Streben nach theoretischen Formulierungen. Gleichwohl war, *fünftens,* die parmenideische Tradition stark genug, um das Problem aufzuwerfen: Wenn die Wahrheit wirklich so strikt von unserem üblichen Leben abgetrennt ist, wie Parmenides zu zeigen scheint, wie können wir sie dann je erreichen? Oder, moderner formuliert: *Wie ist Erkenntnis möglich?*

Ich möchte wiederholen, daß diese Frage nicht von selbst aus einem vermeintlichen Streben nach Erkenntnis folgt: sie bezieht ihre Macht aus der Verbindung individueller Machenschaften und gesellschaftlicher Tendenzen. Die Machenschaften werden sinnvoll und wirken zwingend, weil ihre Voraussetzungen (Parmenides) oder verborgenen Annahmen (Xenophanes) mit diesen Tendenzen übereinstimmen. Der Umstand, daß auch andere Erkenntnisformen einflußreich blieben, zeigt, daß dieser Sinn und dieser Zwang weder allgemein noch notwendig, sondern begrenzt und empirisch waren. Die Alternativen füllten nicht nur Bücher, sondern das wirkliche Leben; sie ärgerten Ideenjäger wie Hegel, der Platons Umgang mit mythischen Darstellungsformen als Anzeichen für die »Ohnmacht des Gedankens« deutete; und sie werden heute von Entwicklungshelfern in dem Bemühen gestärkt, einen Teil jener Schäden wiedergutzumachen, die entstanden, als die Abstraktionen der westlichen Kultur anderen Kulturen blindlings aufgezwungen wurden. Auch lokale Initiativen bei uns im Westen selbst verwenden diese Alternativen, und sie werden beharrlich von den Künsten genährt, diesen standhaften Bollwerken der Idiosynkrasie, der Anarchie und des Eigensinnes. »Einer der Gründe für die erstickende Atmosphäre, in der wir leben ohne mögliche Ausflucht und Zuflucht«, schreibt Artaud in *Das Theater und sein Double,* »— und an der wir alle unser Teil Schuld haben, selbst die revolutionärsten unter uns —, liegt im Respekt vor dem Geschriebenen, Formulierten oder Gemalten, vor dem, was Gestalt angenommen hat, als wenn schließlich nicht aller Ausdruck am Ende wäre, an dem die Dinge bersten müssen, wenn es einen neuen Aufbruch und einen neuen Anfang geben soll.«

Wo steht die Wissenschaft

Das einzige Hindernis, diese Alternativen wirklich anzuerkennen, bilden die Wissenschaften, die große Autorität haben und die genau jene »objektive« Erkenntnis zu enthalten scheinen, für die Parmenides eintrat. Kant hatte die Wissenschaften im Sinn, als er die Frage »Wie ist Erkenntnis möglich?« beantworten wollte, und moderne Realisten betonen die Dichotomie Erscheinung/Realität mit Hinweis auf die Wissenschaften. Unterstützen diese ihre Bemühungen?
Auf diese Frage gibt es zwei Antworten, beide negativ. Die erste beruht auf den wissenschaftlichen Resultaten selbst, die zweite darauf, wie solche Resultate gewonnen werden. Gemäß der ersten Antwort *steht die Dichotomie im Widerspruch zu einer der bestfundierten wissenschaftlichen Theorien, die es je gab:* der Quantentheorie. Der Konflikt wurde paradoxerweise genau durch jene Denker verschärft, die an der Objektivität festzuhalten versuchten.
Die zweite Antwort lautet, daß die Wissenschaft entgegen einer landläufigen Auffassung die *»andere Seite«* mobilisiert, *das heißt jene Traditionen, die Parmenides überwinden wollte.* Es ist nicht einfach, das im Detail nachzuweisen — zu viele Vorurteile liegen uns im Weg. Betrachten wir aber die folgende kleine Geschichte und die darin eingebetteten Argumente. Wir beginnen mit der üblichen Ausbeutung des parmenideischen Bildes der Wissenschaft: Dem Kantianismus, dem Neopositivismus und seinem lauten Sproß, dem kritischen

Rationalismus. Das sind Philosophien im Sinne des Parmenides, da sie das Wesen und die Bedingungen der Erkenntnis abstrakt darlegen. Sie beanspruchen nicht nur, geklärt zu haben, was Wissenschaftler tun, sondern auch zu wissen, was sie tun sollten.

Der nächste Schritt ist Thomas Kuhn. Kuhn zeigte, daß die Wissenschaften der philosophischen Schablone nicht entsprechen und daß sie absterben würden, wenn man sie hineinzwängte. Kuhn verwendet nach wie vor Allgemeinbegriffe wie »Paradigma«, »Revolution« oder »reife Wissenschaft«, um seine Argumentation zu stützen. Dadurch fördert er abstrakte Erklärungen anderer Art, die ebensowenig mit ihrem Thema zu tun haben wie die Essays der Kantianer und Positivisten. Den entscheidenden Schritt aus der parmenideischen Falle vollzog eine jüngere, sehr rege Generation von Historikern, die sich auf besondere Episoden konzentrierten und beinahe eine »Geschichte im Rohzustand« produziert haben. Ihre Folgerungen verschmelzen nicht mehr zu einem einzigen kohärenten Denksystem: Wir erhalten nur ein Kochbuch mit mehr oder weniger erfolgreichen Rezepten. Das macht die Wissenschaft nicht »irrational« — das Kochen ist sicher keine irrationale Tätigkeit —, es gibt ja Gründe für jeden Schritt. Doch die vorgefundene Allgemeinheit ist das Ergebnis der Entschlüsse von Wissenschaftlern, die sich in vielfältige Problemlagen versenkt haben, ihre Erfahrung, ihre Schlauheit und andere Formen »*stillschweigender Erkenntnis*« benützen und unterschiedliche Situationen nun zufällig ähnlich behandeln. Das Allgemeine wissenschaftlicher Prinzipien, Theorien und Gesetze ist niemals rein »objektiv«, sondern stark anthropologisch gefärbt. Daher ist eine Erkenntnistheorie, die überhistorische Instanzen beschwört, nicht nur tot — sie war nie lebendig. Ihre sogenannten Erfolge sind nichts als immense Schimären.

Um dies zu veranschaulichen, möchte ich nun einen neueren Versuch erörtern, Philosophien alten Stils wiederzubeleben: L. Laudans Buch *Science and Relativism*.

Wissenschaftstheorien alten Stils

Laudans Buch ist ein Streitgespräch zwischen vier Personen — einem Relativisten, einem Pragmatiker, einem Realisten und einem Positivisten. Als Angriffsziel dient der Relativismus, während der philosphische Pragmatismus Laudan am Herzen liegt. Hauptthema ist das Wesen und Fortschreiten der wissenschaftlichen *Erkenntnis*. Was wirklich erörtert wird, ist das Geschick der *hohen Theorie*, um einen Begriff aus der Elementarteilchenphysik zu wählen. Ausgeschlossen bleiben also (eine sehr unvollständige Liste) die Botanik und ihre vielfältigen Zweige, die Geographie, die Ökologie, die deskriptive Astronomie, kurz, all jene Disziplinen, die Beobachtungsdaten sammeln und klassifizieren, ohne über sie hinauszugehen. Übergangen werden auch: die Phänomenologie (im Sinne der Hochenergiephysik), die Versuchsplanung, praktische Ideen wie Nolls Mechanik, Modelle zur Berechnung der Mondstörungen, Experimentalstudien, die das Wissen eigenständig bereichern (spektroskopische Handbücher, Listen von Resonanzen, Kataloge astronomischer Objekte, wie Messiers Katalog oder der Cambridge-Katalog für Radioastronomie) — ebenso wie die Approximationen, Spezialannahmen und ad-hoc-Hypothesen, mit denen diese unordentliche Masse von Tatsachen geordnet werden soll, Theoriefragmente, stillschweigende Annahmen etc. etc. Zweifellos glaubt Laudan, daß sich die Eigenarten des Besonderen theoretisch bewältigen lassen und daß

Modelle, Sammlungen, Näherungen oder Phänomenologie nur Vorstufen auf diesem Weg sind. Leider wurde diese Überzeugung bisher kaum durch Forschung geprüft, und neuere Studien (etwa von Hacking, van Fraassen, Cartwright und anderen) lassen ernsthaft an ihr zweifeln. Was Laudans Debatte an Einheit zutage fördert, ist somit das Ergebnis der Vernachlässigung und nicht einer wohldurchdachten Synthese.

In der Debatte selbst wird das bereits reduzierte Material weiter verdünnt. Die Epistemologie, sagt der Pragmatiker, verschwand nicht mit dem Abtreten der Gewißheit. Es »bleiben wichtige epistemische Fragen«, etwa wie man Theorien am sinnvollsten aufbaut, wann eine Theorie als wohlfundiert gelten darf, inwiefern man sie einer konkurrierenden Theorie gegenüber vorziehen soll.

Das sind in der Tat wichtige Fragen. Sie beschäftigten Einstein, als er die Einsichten der speziellen Relativitätstheorie mit dem Äquivalenzprinzip verbinden wollte. Sie motivierten spätere Wissenschaftler, als die Vorschläge von Brans-Dicke komplizierte Experimente und eine große Anzahl von Theorien nach sich zogen. Sie begleiten jeden Schritt der wissenschaftlichen Forschung. Aber kann sie jemand beantworten, der die Wissenschaft durch eine Karikatur ersetzt? Der ihre Divergenzen nicht kennt? Dem die fachtechnischen mathematischen Fähigkeiten, das Urteilsvermögen und zudem die »stillschweigende Erkenntnis« fehlen, die ein Forschungsgebiet definieren? Die älteren Epistemologen glaubten, daß solche Einzelheiten einer allgemeinen Struktur angehören, die man von der Wissenschaft abtrennen und unabhängig beurteilen könne, und sie antworteten also mit »ja«. Laudan stimmt zu. Er weist sogar jede »Epistemologie des vollkommenen Seins« zurück und will wissenschaftliche Kriterien empirisch beurteilen. Dazu tauge »jede Form des Schließens, die der wissenschaftlichen Forschung angemessen ist«. Die Wissenschaft selbst soll uns verraten, welche Kriterien annehmbar sind und welche nicht. Doch wie gezeigt, ist die von Laudan präsentierte Wissenschaft nur ein Fragment, nicht die Sache selbst, und die genannten »Formen des Schließens« fallen in die Domäne eines Logikers, der sich mit unwandelbaren Entitäten wohldefinierten Inhalts befaßt, wohingegen es ein Wissenschaftler mit unvollständigem, inkohärentem Material zu tun hat.

Unsere Theorien, sagt der Pragmatiker, »sind akzeptabel . . . weil sie sich bewähren« — »sie erweitern unsere Fähigkeiten: die Natur zu beherrschen, vorauszusagen und zu manipulieren« — »unsere Regeln sind akzeptabel, weil sie sehr zuverlässig eben jene Theorien aussondern, die sich in hohem Ausmaß bewähren«.

Diese Zitate legen das folgende Szenario nahe: Es gibt Regeln (Kriterien, Normen) und Theorien. Nun läßt man die Regeln auf die Theorien los, damit sie ihre Lieblingswahl treffen. Einige Regeln wählen Versager — und werden aufgegeben. Andere wählen zuverlässig Theorien, die sich bewähren — sie gelangen in die Epistemologische Ruhmeshalle. Das Szenario ist höchst unrealistisch, schon deshalb, weil viele Theorien, die in einem Bereich überraschend erfolgreich sind, in anderen scheitern. So erging es Newtons Mechanik während ihrer ganzen Geschichte. Können wir also sagen, daß sie sich bewährte? Die ganze Zeit über? Einige Zeit? Nie? Das hängt von den Kriterien ab, die darüber entscheiden sollen, ob eine Theorie akzeptabel ist — genau jenen Kriterien, die Laudan mit seiner Methode definieren möchte. Zudem scheinen sich »hohe Theorie« und phänomenologische Ansätze oft in ein und demselben Bereich zu bewähren — sind aber unterschiedlich konzipiert. Ein ehrlicher Pragmatiker bevorzugt natürlich die Phänomenologie und die Ansätze von Ingenieuren, die (meist, aber nicht immer) den Tatsachen viel besser entsprechen als die Theorien, die sie vermeintlich stützen (und die Annäherungen, ad-hoc-Anpassungen und fragwürdige Annahmen — etwa Diracs Ozean von besetzten Zuständen — durchlaufen müssen, um die Tatsachen zu erreichen). Obwohl sich Ingenieursansätze nach Laudans eigenem Kriterium besser »bewähren«, stammen alle seine Beispiele aus der »hohen Theorie«. Drittens gehen Theorien, die sich »bewähren«, nicht fix und fertig in die Welt ein, und ihr Erfolg ist nicht unabhängig davon, wie man sie behandelt. Theorien beginnen bescheiden, durchlaufen einen komplizierten Reifungsprozeß, werden gefördert und oft geschlagen und brauchen auf den verschiedenen Entwicklungsstufen verschiedene Förderungen und/oder Korrektive. Jede Förderung (und jedes Korrektiv) läßt sich als eine Regel formulieren, jede Regel trägt zum Überleben und späteren Erfolg der Theorie bei, und da jede Regel den richtigen Kandidaten »auswählt«, wird Laudans Ruhmeshalle einander widersprechende Maßstäbe enthalten — außer man bindet sie nicht an die Situationen ihrer Anwendung. Aber damit würde eine allgemeine Erklärung der Umstände, unter denen man ein Kriterium anwenden soll, ebenso unmöglich wie eine allgemeine Erklärung der Bedingungen historischer Ereignisse. Wir können nur sagen, wer was unter welchen Umständen getan hat und was daraus resultierte. Im Blick auf die Zukunft können wir uns dann an diese Handlungen erinnern, wie Politiker sich an die Maßnahmen ihrer Vorgänger in ähnlichen Fällen erinnern.

Ein kurzer Blick auf einige der von Laudan propagierten Kriterien zeigt, wie stark er sich nach wie vor auf Philosophien alten Stils verläßt. Gemäß seinem Sprachrohr (dem Pragmatiker) sind hochkonfirmierte Voraussagemodelle Theorien vorzuziehen, die zwar sinnvoll sind (die zum Beispiel plausiblen Symmetrieprinzipien oder metaphysischen Auffassungen entsprechen), aber keine empirische Stütze haben. Wir sollten uns für erstere entscheiden, schreibt Laudan, letztere seien »unannehmbar«. Dabei übersieht er, daß »unannehmbare« Ansätze ihre »akzeptablen« Widersacher diskreditieren können, was häufig genug geschah: sei es durch die kluge *Übertragung* der Evidenz (Beispiel: Kopernikus' Erörterungen der Erdbewegung in Buch I seines *De Revolutionibus* wurde von Galilei genutzt und erweitert), durch eine *Analyse,* die mit dem »unannehmbaren« Standpunkt beginnt und zeigt, daß seine Evidenz illusorisch ist (Beispiel: Einsteins Analyse von Exners Messung der Brownschen Molekularbewegung[*]), oder durch eine rein logische Analyse der Voraussetzungen eines scheinbar entscheidenden Experiments, die *motiviert* ist durch den festen Glauben an eine »unannehmbare« Alternative (Beispiel: Plancks Analyse von Kaufmanns Experimenten[**]). Man kann sich auch einfach weigern, die Tatsachen für bare Münzen zu nehmen (viele Beispiele). In allen solchen Fällen fällt die »Wahl« auf den empirischen Versager, setzt ihn auf eine Weise ein, die die Teilnehmer an Laudans Disput für erfolglos halten und wird oft durch grundlegende Entdeckungen belohnt. Zwar mag zutreffen: »Wenn eine Methode erlahmt, keine interessanten neuen Ergebnisse mehr hervorbringt, wenden sich Wissenschaftler rasch von ihr ab«, denn Opportunisten gibt es in allen Berufen. Aber Entdeckungen kamen oft von jenen, die sich den Moden ihrer Zeit widersetzten. Natürlich hoffen selbst metaphysisch geneigte Wissenschaftler, ihre Spe-

---

[*] Vgl. A. Einstein in *Annalen der Physik,* Bd. 17, 1905
[**] Vgl. Elie Zahar, *Einsteins Revolution,* LaSalle, Ill 1989

kulationen irgendwann einmal durch neue Beobachtungen und schlagende Experimente erhärten zu können — aber um *dieses* Ziel zu erreichen, müssen sie erst ihre Entscheidung für eine *gegebene* Harmonie zwischen Theorie und Tatsachen in Frage stellen.

Dieser Gedankengang führt zum Verdacht, daß die wissenschaftliche Forschung keine allgemeingültigen Grenzbedingungen oder Kriterien konventioneller, apriorischer oder empirischer Art kennt, sondern Regeln je nach den Umständen nutzt oder erfindet, ohne ihre Wahl als besonderen »epistemischen« Akt zu betrachten, ja oft sogar ohne zu erkennen, daß eine wichtige Entscheidung getroffen wird. Zum Beispiel veränderte die Arbeit mit aufwendigen Versuchsanlagen in der Hochenergiephysik das alte (empirisch wählbare) Postulat, daß Experimente wiederholbar sein müssen — aber ohne jede explizite »epistemische« Debatte. Keiner der Gesprächsteilnehmer, einschließlich des Relativisten, scheint sich dieser Eigenart der Wissenschaftspraxis bewußt zu sein. Im Versuch, »philosophische Höhen« zu erklimmen, entspinnt sich eine Debatte, in welcher der Relativist historische Fakten (widerlegte Theorien feiern *manchmal* ein triumphales Comeback; überwundene Standpunkte stützen *manchmal* gewichtige Kritik an ihren erfolgreichen Rivalen) in abstrakte Prinzipien verwandelt (»alle Theorien sind gleichwertig«), während seine Gegner meinen, mit der Kritik an den Prinzipien hätten sie sich auch der Fakten entledigt.

Insgesamt gibt die Neigung, das logisch Mögliche zu betonen (etwa das Duhem-Quine-Argument), der Debatte etwas Irreales. Betrachten wir die folgende Annahme: Wenn eine gewisse Klasse von Tatsachen gegeben ist, dann existieren »unbegrenzt viele — vielleicht sogar unendlich viele« einander ausschließende Theorien, die mit dieser Klasse vereinbar sind. Der Relativist nimmt diese Annahme unbefragt hin. Aber wie kann er das tun? Das Universum und die Lebensdauer der Menschheit sind endlich, also kann es nur endlich viele Sätze geben — oder ist der Relativist inzwischen ein Platoniker geworden? Übrigens müssen die platonischen Unendlichkeiten — die nicht trivial sind (unendlich viele mögliche Werte einer Konstante innerhalb der Fehlergrenzen) und die gewisse Minimalbedingungen erfüllen — begründet werden; man kann sie nicht einfach behaupten. Gibt es unendlich viele Primzahlen? Um diese Frage zu entscheiden, braucht man einen (einfachen) Beweis. Selbst wenn man die platonischen Unendlichkeiten als gegeben annimmt, wenn sie existieren, so folgt daraus noch nicht, daß die Auswahl von Theorien »willkürlich« wäre, daß »alle rivalisierenden Hypothesen gleichwertig sind« oder daß gesellschaftliche Faktoren bei der Erklärung des geistigen Lebens von Wissenschaftlern eine »zentrale Rolle spielen«. Ein General kennt sicher nicht die unendlich vielen Formen, in denen Engel eine Schlacht gewinnen können — aber das macht seine Entscheidung willkürlich, oder eine Entscheidung so gut wie jede andere *nur* in den Augen eines Gottes, der alles Menschenwerk verachtet. In *dieser* Welt (und hier verwende ich ein Argument, das Aristoteles gegen Parmenides ins Feld führte) — in der Wissenschaftler die Natur und Philosophen die Wissenschaftler verstehen wollen — sind unsere Mittel begrenzt, sowohl was die zur Wahl stehenden Theorien als auch was die Auswahlmethoden betrifft. Wissenschaft treiben bedeutet, innerhalb dieser Grenzen arbeiten. Schließt man aus der Begrenztheit unserer Mittel auf Willkür, so zieht man auch einen Vergleich (zwischen den Mitteln und einer Welt, der sie niemals genügen können), der wiederum *jenseits* der Mittel liegt und *deshalb* »willkürlich« ist. — Erstaunlicherweise trägt gerade der Relativist des Gesprächs solche metaphysischen Phantastereien vor.

Hinsichtlich der gesellschaftlichen Bedingungen können wir sofort einräumen, daß sie sich in der Tat auswirken, aber nicht wie der Relativismus (oder einige Sozialwissenschaftler) es darstellen. Zunächst enthalten moderne pluralistische Gesellschaften viele Tendenzen und vielfältige Reaktionen darauf — betrachten wir nur die mannigfachen Formen des Theaters, der Literatur, der Künste, die anerkannte Gewohnheiten oft heftig kritisieren. Angesichts dieser Pluralität können Wissenschaftler wählen, sind nicht mehr einer einzigen Ideologie ausgeliefert. Überdies bleiben Theorien, die von der »Gesellschaft« akzeptiert werden, nie unverändert. Aristoteles mobilisierte das Alltagswissen gegen die Ansichten des Parmenides und Platons. Er versuchte *bewußt,* dieses naive Wissen zu bewahren — unterwarf sich ihm nicht einfach —, *revidierte* es aber auch, wobei er die Leistungen seiner Gegner benützte. Gleiches gilt für die Wissenschaften. Selbst Wissenschaftler, die einer mächtigen Mode verfallen sind, müssen auch eine andere Mode beachten, nämlich den Stand ihres jeweiligen Gebiets.

Brauchen wir eine besondere Disziplin, wie die Philosophie, um »den Erfolg der Wissenschaft zu erklären«? Die Antwort ist nein. Erstens, weil nicht »die Wissenschaft« erfolgreich ist — einige sogenannte Wissenschaften bieten einen ziemlich traurigen Anblick —, sondern spezifische Modelle, Theorien und Verfahren. Zweitens, weil Wissenschaftler auf dem Weg zum Erfolg Methoden erfinden und anwenden, die von ihrem Anwendungsbereich abgelöst wie globale Prinzipien *aussehen,* aber nur deshalb erfolgreich sind, weil sie nicht so *benützt* werden (vgl. meine Bemerkung zu Laudans Methode, wissenschaftliche Kriterien auszuwählen und zu bestätigen). Zwar haben Philosophen wissenschaftliche Kriterien verteidigt und manchmal sogar eingeführt; aber dann wandten verschiedene Wissenschaftler sie auf verschiedene Weise an, ohne auf ihre philosophischen Ursprünge zu achten.

Der Biologe Luria bevorzugt »Voraussagen, die sich durch einen klaren experimentellen Schritt eindeutig stützen oder widerlegen lassen«.* Er kann sich kaum für eine theoretische Wissenschaft begeistern, die »von schwachen Schlüssen überladen ist«. Luria berichtet, daß Fermi genau aus diesem Grund sich nicht für die Allgemeine Relativitätstheorie begeistern konnte. Gauquelin sammelte eindrucksvolle Daten für astrologische Korrelationen (»Mars-Effekt«), aber nur wenig empirisch geneigte Wissenschaftler waren bereit, seine Folgerungen zu akzeptieren. Die Supergravitation hat gegen den Versuch nichts einzuwenden, macht aber davon abhängig, was in den frühen Momenten des Universums geschieht. Natürlich kann man viele scheinbar direkte Widerlegungen durch geeignete Erklärungen umgehen, und man tut das auch. Feynman mag diese Methode nicht — er wünscht eine mehr direkte Beziehung zwischen einer Theorie und den Fakten.** Alle eben erwähnten Parteien sind Wissenschaftler, alle sind Empiriker, und alle treten für Experimente ein, aber der Empirismus bedeutet für jeden von ihnen etwas anderes. Man könnte sagen, daß epistemologische Prinzipien in den Wissenschaften nur dann wirksam werden, wenn sie ihren (vielleicht eindeutigen) philosophischen Inhalt verlieren und einen (höchst zweideutigen) wissenschaftlichen annehmen (platonische Einheiten ver-

---

* Vgl. Luria, *A Slot Machine. A Broken Test Tube,* New York 1985
** Vgl. P.C.W. Davies und J. Brown (Hg.), *Superstrings,* Cambridge, Mass., 1988

wandeln sich in Kataloge, wenn man sie mit der realen Welt konfrontiert). Drittens lassen sich viele »Erfolge« rein wissenschaftlich erklären: Warum war Newtons Theorie so erfolgreich bei der Erklärung einfacher Merkmale der Planetenbewegung? Weil der Raum gekrümmt ist etc., und Newtons Methode eine gute Annäherung an dieses Szenario lieferte.

Andere Wege, die Praxis zu fördern

Die Epistemologie ist nicht die einzige Disziplin, die versucht, eine Tätigkeit zu erklären und zu beherrschen, die ohne fremde Hilfe auskommen kann. Alle Bereiche menschlichen Strebens sind von allgemeinen Prinzipien umgeben, die zwar nützlich sein können, sofern man sie in die Praxis einführt und darin aufgehen läßt, aber unsere Ressourcen vermindern, wenn man sie unverändert durchsetzt. Brecht hatte eine schöne, sehr »vernünftige« Theorie des Theaters, aber seine Stücke fielen entweder auf die Nase — wenn sie so didaktisch waren, wie es die Theorie verlangte —, oder sie rührten das Publikum, wobei die Theorie auf der Strecke blieb. Die Lösung lautet nicht, wie einige Extremisten vorschlugen, allgemeine Prinzipien ganz aufzugeben; man muß diese Prinzipien vielmehr eng an ihre jeweiligen Themen binden. Konkreter: Es hat keinen Sinn, wenn reine Beobachter von Epistemologen beraten werden, die nichts von den wissenschaftlichen Entdeckungen verstehen, die sie so loben, oder wenn auf Einnahmen erpichte Dramatiker mit Ästhetikern zusammenarbeiten, die nie eine Seifenoper gesehen haben. Wir brauchen nachdenkliche Wissenschaftler (Künstler, Priester, Politiker etc.), die zwei eng verwandte Künste beherrschen: das Allgemeine zu gestalten, indem man es an das Besondere bindet; und das Besondere in allgemeinen Begriffen zu erklären — anders gesagt, wir brauchen eine Ehe von Universalien und Einzeldingen. Eine solche Ehe wäre das Ende der Philosophie (Epistemologie, Ästhetik etc.) im Sinne einer eigenständigen Disziplin mit eigenen Kriterien, Problemen und Lösungen, aber auch der Anfang eines reichen, fruchtbaren Lebens. Interessant ist, daß diese Ehe bereits existiert – schon seit Jahrhunderten – und zahlreiche Nachkommen hinterlassen hat. Die Kunstwerke, die uns umgeben und den wissenschaftlichen Theorien in so vielen Zügen gleichen, sind Produkte eines engen Zusammenwirkens zwischen weitreichenden Phantasien, sowie den Begriffen und Methoden, die ersonnen wurden, um ihnen Gestalt zu geben mit den idiosynkratischen Besonderheiten, die unser aller Leben ausmachen. Aber Philosophen, die die Kontrolle nicht verlieren wollen (man denke an Platons Rede über »den alten Streit zwischen Philosophie und Dichtkunst«), haben versucht und versuchen noch immer zu beweisen, daß es sich hier um ein Herr-Knecht-Verhältnis handelt, in dem weise Herren tüchtige, aber ziemlich unwissende Knechte herumstoßen und so die Welt nach ihrem eigenen Bild formen. Natürlich müßte das Erziehungswesen grundlegend umgestaltet werden, um dieser Farce ein Ende zu machen.

Die Frage der Relevanz

Nehmen wir nun an, was ich geschrieben habe, entspricht der Wahrheit – trägt das Predigen dieser Wahrheit dazu bei, die Probleme unserer Zeit zu lösen? Kann es die Massenmorde eindämmen, die heute in vielen Ländern geschehen? Kann es die Intoleranz beseitigen, den Mangel an Mitgefühl und Verständnis, den engstirnigen Egoismus von Menschen, Konzernen und Institutionen, die unsere Erde zugrundegerichtet haben, die ihre Verbrechen zwar kennen, aber nicht daran denken, sich zu verändern? Nicht alle Intellektuellen stellen sich solche Fragen. Vielen genügt es schon, ihre Kollegen zu besiegen und so ihr Ansehen in kleinen autistischen Kreisen zu erhöhen. Aber es gibt auch Schriftsteller, Künstler, Wissenschaftler, Theologen und Berufsphilosophen, die wirklich nachdenken, die meinen, daß Ideen unser Leben und das Leben künftiger Generationen beeinflussen können und die sich in ihrem Denken und Schreiben von dieser Überzeugung leiten lassen. Ich bin weniger optimistisch. Gefragt, was ich mit diesem Aufsatz, mit dem Vortrag, auf dem er beruht, und, allgemeiner, mit meinem recht chaotischen »Werk« dazu beigetragen habe, ein wenig Frieden und Glück in diese Welt zu bringen, kann ich nur erwidern: Nichts. Gar nichts.

Und warum? Weil Ideen schwächer sind als die sanfteste Brise — man kann einfach durch sie hindurchgehen. Mächtig werden sie nur, wenn das Terrain schon geebnet ist (vgl. meine Bemerkungen über Xenophanes und Parmenides). Folgt daraus, daß Schriftsteller danach streben sollten, sich mit der Macht zu verbinden, daß sie versuchen sollten, ihre Texte den aktuellen oder potentiellen Machtquellen anzupassen oder, wie die gängige Phrase lautet, sollten sie versuchen, *relevant* zu sein? Meine Antwort lautet: Nein, das sollten sie nicht. Und mein Grund ist, daß sich *Relevanz immer erst im Nachhinein bestimmen läßt.*

Gesellschaftliche Verhältnisse sind zweideutig in dem Sinne, daß eine Situation, die gewisse Handlungen und Worte zur Nutzlosigkeit zu verdammen scheint, oft instabil ist — genau dieselben Handlungen und Worte können sie in die Luft jagen. Ob unser Tun »relevant« ist, wissen wir immer erst im Nachhinein, und selbst dann dauert es oft lange, bis sich die Wirkungen zeigen. Wir können also nicht mehr tun, als unseren Freunden zuzuhören (sofern wir welche haben), zu lesen, zu musizieren, Fernsehserien anzuschauen (falls wir daran Freude finden), nachzudenken über alles, was um uns herum geschieht, und daraus unsere Schlüsse zu ziehen. Ich persönlich möchte hinzufügen, daß wir jedenfalls keine Handlungen empfehlen oder fördern sollten, die von Haß diktiert sind und den Haß nähren könnten. Das schreibe ich nicht, weil ich eine Theorie über die Wirkung des Hasses hätte, sondern weil ich persönlich nicht die Absicht habe, mich vom Haß leiten zu lassen. Mehr kann ich nicht sagen. Das Streben nach einer mehr objektiven Rechtfertigung wäre ebenso vergeblich wie jene Theorien, die uns einreden wollen, daß es eine solche Rechtfertigung gibt.

Philosophie

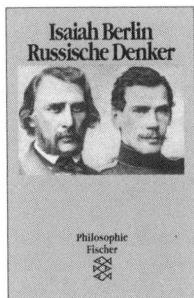

Henri Bergson
Die beiden Quellen
der Moral und
der Religion
Band 11300

Isaiah Berlin
Russische Denker
Herausgegeben von
Henry Hardy und
Aileen Kelly
Band 11490

Ernst Cassirer,
Jean Starobinski,
Robert Darnton
Drei Vorschläge,
Rousseau zu lesen
Band 6569

René Descartes
Ausgewählte
Schriften
Herausgegeben von
Ivo Frenzel
Band 6549

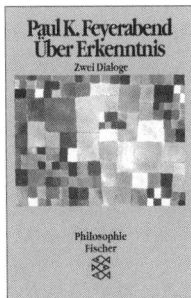

Paul K. Feyerabend
Über Erkenntnis
Zwei Dialoge
Band 12775

Philippa Foot
Die Wirklichkeit
des Guten
Moralphiloso-
phische Aufsätze
Herausgegeben von
Ursula Wolf und
Anton Leist
Band 12961

Herausgegeben von
Hans-Georg
Gadamer
Philosophisches
Lesebuch
3 Bände:
6576/6577/6578

Ludwig Giesz
Phänomenologie
des Kitsches
Band 12034

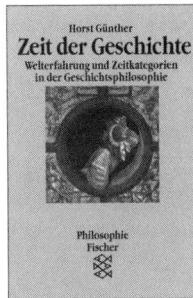

Horst Günther
Zeit der Geschichte
Welterfahrung
und Zeitkategorien
in der Geschichts-
philosophie
Band 11472

Pierre Hadot
Philosophie
als Lebensform
Geistige Übungen
in der Antike
Band 13221

Thomas Hobbes
Behemoth oder
Das Lange
Parlament
Herausgegeben von
Herfried Münkler
Band 10038

Max Horkheimer
Traditionelle und
Kritische Theorie
Fünf Aufsätze
Band 11328

Fischer Taschenbuch Verlag

Philosophie

Edmund Husserl
Arbeit an den
Phänomenen
Ausgewählte Schriften
Herausgegeben und
mit einem Nachwort versehen
von Bernhard Waldenfels

Philosophie
Fischer

Ludger Lütkehaus
Philosophieren nach
Hiroshima
Über Günther Anders

Philosophie
Fischer

Pierre-Francois Moreau
Spinoza
Versuch über die Anstößigkeit
seines Denkens

Philosophie
Fischer

Max Horkheimer
Zur Kritik der
instrumentellen
Vernunft
Band 7355

Edmund Husserl
Arbeit an den
Phänomenen.
Ausgewählte
Schriften
B. Waldenfels (Hg.)
Band 11750

Immanuel Kant
Eine Vorlesung
über Ethik
Herausgegeben von
G. Gerhardt
Band 10249

Peter Kemper (Hg.)
Die Zukunft
des Politischen.
Ausblicke auf
Hannah Arendt
Band 11706

Ralf Konersmann
Erstarrte Unruhe
Walter Benjamins
Begriff der
Geschichte
Band 10962

Susanne K. Langer
Philosophie auf
neuem Wege
Das Symbol im
Denken, im Ritus
und in der Kunst
Band 7344

Lutker Lütkehaus
Philosophieren
nach Hiroshima
Über
Günther Anders
Band 11248

Niccolò Machiavelli
Politische Schriften
Herausgegeben von
Herfried Münkler
Band 10248

Pierre-François
Moreau
Spinoza
Versuch über
die Anstößigkeit
seines Denkens
Band 12245

Max Planck
Vom Wesen der
Willensfreiheit
und andere
Vorträge
Band 10472

Platon
Sokrates
im Gespräch
Vier Dialoge
Band 11065

Jean-Jacques
Rousseau
Schriften
Herausgegeben von
Henning Ritter
2 Bände: 6567/6568

Fischer Taschenbuch Verlag

Philosophie

Rüdiger Safranski
**Wieviel Wahrheit
braucht der Mensch?**
Über das Denkbare und das Lebbare

Philosophie
Fischer

Christoph Türcke
Kassensturz
Zur Lage der Theologie

Philosophie
Fischer

Paul Veyne
**Weisheit und
Altruismus**
Eine Einführung in die Philosophie
Senecas

Philosophie
Fischer

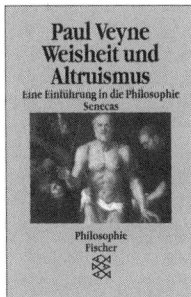

Bertrand Russell
**Das ABC der
Relativitätstheorie**
Band 6579
Moral und Politik
Band 6573
**Philosophie.
Die Entwicklung
meines Denkens**
Band 6572

Rüdiger Safranski
**Wieviel Wahrheit
braucht der
Mensch?**
Über das Denkbare
und das Lebbare
Band 10977

Wilhelm Schmid
**Die Geburt der
Philosophie im
Garten der Lüste**
Michel Foucaults
Archäologie des
platonischen Eros
Band 12509

Georg Simmel
**Das Individuum
und die Freiheit**
Essais
Band 11925

Hans Joachim
Störig
**Kleine Weltge-
schichte der
Philosophie**
Band 11142

Herausgegeben von
Bernhard H. F.
Taureck
**Psychoanalyse
und Philosophie.
Lacan in der
Diskussion**
Band 10911

Christoph Türcke
Kassensturz
Zur Lage der
Theologie
Band 11249

Christoph Türcke
Sexus und Geist
Philosophie im
Geschlechterkampf
Band 7416
Der tolle Mensch
Nietzsche und
der Wahnsinn
der Vernunft
Band 6589

Paul Veyne
**Weisheit und
Altruismus**
Eine Einführung
in die Philosophie
Senecas
Band 11473

Voltaire
**Philosophische
Briefe**
Band 10910

Michael Walzer
**Exodus und
Revolution**
Band 11835

Fischer Taschenbuch Verlag

Fischer Wissenschaft

Eine Auswahl

Fischer Taschenbuch Verlag

Fischer Wissenschaft
Eine Auswahl

Fischer Taschenbuch Verlag

fi 513 / 12 b

Fischer Wissenschaft
Eine Auswahl

Fischer Taschenbuch Verlag

Fischer Wissenschaft

Eine Auswahl

Alfred Lorenzer
Intimität und soziales Leid
Archäologie
der Psychoanalyse
Band 11749
Das Konzil der Buchhalter
Die Zerstörung
der Sinnlichkeit
Eine Religionsgeschichte
Band 7340

Herfried Münkler
Gewalt und Ordnung
Das Bild des Krieges im
politischen Denken
Band 10424
Machiavelli
Die Begründung des
politischen Denkens der
Neuzeit aus der Krise
der Republik Florenz
Band 7342
Politische Bilder,
Politik der Metaphern
Band 12384

Jean Piaget
Biologie und Erkenntnis
Band 11200

Leo Spitzer
Texterklärungen
Aufsätze zur
europäischen Literatur
Band 10082

Jean Starobinski
Montaigne
Denken und Existenz
Band 7411
Montesquieu
Band 12774
Das Rettende in der Gefahr
Kunstgriffe der Aufklärung
Band 11242
Rousseau
Eine Welt von Widerständen
Band 10255

Matthias Waltz
Ordnung der Namen
Die Entstehung der Moderne:
Rousseau, Proust, Sartre
Band 11920

Hayden White
Metahistory
Die historische Einbildungs-
kraft im 19. Jahrhundert
in Europa
Band 11701

Fischer Taschenbuch Verlag

fi 406 / 12 b

Kultur & Medien

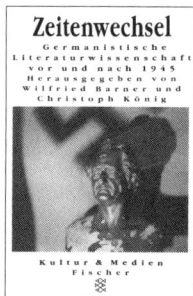

Doris Bachmann-
Medick
Kultur als Text
Die anthropolo-
gische Wende in
der Literatur-
wissenschaft
Band 12781

Herausgegeben von
Wilfried Barner/
Christoph König
Zeitenwechsel
Germanistische
Literaturwissen-
schaft vor und
nach 1945
Band 12963

Peter Burke
Die Renaissance
Band 12289

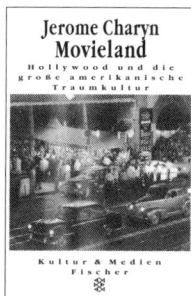

Peter Burke
Städtische Kultur
in Italien zwischen
Hochrenaissance
und Barock
Eine historische
Anthropologie
Band 10331

Jerome Charyn
Movieland
Hollywood und
die große amerika-
nische Traumkultur
Band 12637

Michael Diers
Schlagbilder
Zur politischen
Ikonographie der
Bundesrepublik
Deutschland
Band 13218
(*in Vorbereitung*)

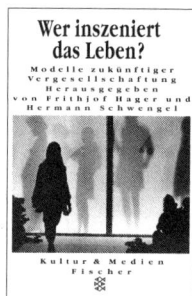

W. Stefan Elfenbein
The New York
Times
Macht und Mythos
eines Mediums
Band 13219

Vilém Flusser
Medienkultur
Herausgegeben von
Stefan Bollmann
Band 13386

Herausgegeben von
Frithjof Hager/
Hermann Schwengel
Wer inszeniert
das Leben?
Modelle
zukünftiger
Vergesellschaftung
Band 12958

Fischer Taschenbuch Verlag

Kultur & Medien

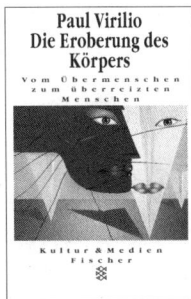

Fischer Taschenbuch Verlag

fi 1713 / 2 b

ZeitSchriften

Sadik J. Al-Azm
**Unbehagen in
der Moderne**
Aufklärung
im Islam
Band 11578

Zygmunt Bauman
**Tod, Unsterblich-
keit und andere
Lebensstrategien**
Band 12326

Seyla Benhabib/
Judith Butler/
Drucilla Cornell/
Nancy Fraser
**Der Streit
um Differenz**
Feminismus und
Postmoderne in
der Gegenwart
Band 11810

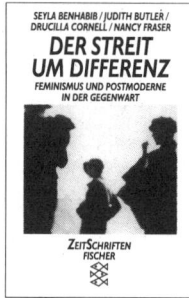

**Unbestimmte
Grenzen**
Beiträge zur
Psychoanalyse
der Geschlechter
Herausgegeben von
Jessica Benjamin
Band 11954

Susan Bordo
**Unerträgliches
Gewicht**
Feminismus,
Körper und Kultur
Band 12823

G. Brandstetter
Tanz-Lektüren
Körperbilder und
Raumfiguren
der Avantgarde
Band 12396

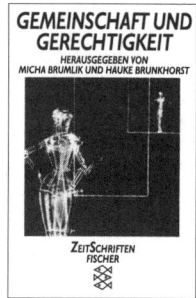

Micha Brumlik
**Schrift, Wort
und Ikone**
Wege aus dem
Verbot der Bilder
Band 12257

**Gemeinschaft und
Gerechtigkeit**
Herausgegeben von
Micha Brumlik/
Hauke Brunkhorst
Band 11724

Hauke Brunkhorst
**Demokratie
und Differenz**
Egalitärer
Individualismus
Band 11731

Jacques Derrida
Marx' Gespenster
Band 12380

Fischer Taschenbuch Verlag

ZeitSchriften

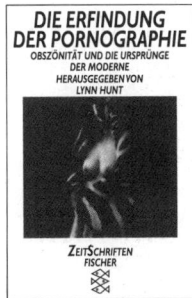

Fischer Taschenbuch Verlag

ZeitSchriften

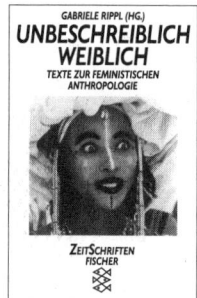

Fischer Taschenbuch Verlag